UNE FRANCE POUJADISTE ?

François Fonvieille - Alquier

UNE FRANCE POUJADISTE ?

De Poujade à Le Pen
et à quelques autres...

éditions universitaires
77, Rue de Vaugirard, 75006 Paris

630349

DU MÊME AUTEUR

AVEC PRÉMÉDITATION (poèmes)
suivi de LA PARABOLE DU DICTATEUR AMOUREUX, 1945, S.J.P.C.
LA GRÈCE AVANT L'ORAGE (essai), 1950, Rougerie.
LA SÉPARATION (roman), 1959, Calmann-Lévy.
RÉAPPRENDRE L'IRRESPECT (pamphlet), 1966, LA TABLE RONDE.
« ILS ONT TUÉ JAURÈS ! » (collection « Ce jour-là »), 1968. Robert Laffont.
LES ILLUSIONNAIRES (collection « Contestation »), 1968. Robert Laffont.
ALIÉNOR (sotie), 1968, Rougerie.
RABELAIS, 1970, Éditions Pierre Charron.
LES FRANÇAIS DANS LA DRÔLE DE GUERRE (collection « L'Histoire que nous vivons »), 1971, Robert Laffont.
ANDRÉ GIDE, 1972, Éditions Pierre Charron.
LA LIBERTÉ DE L'INFORMATION (essai), 1973, Éditions du Burin-Martinsart.
LA FIN DES DOGMATISMES (essai), 1973, Calmann-Lévy.
LA GRANDE PEUR DE L'APRÈS-GUERRE, 1973, Robert Laffont, (collection « L'Histoire que nous vivons »).
L'AFFAIRE HÉGÉSIAS (essai), 1974.
PLAIDOYER POUR LA IVe RÉPUBLIQUE, Robert Laffont. 1976.
JEAN-PAUL MARAT (biographie), éd. Martinsart. 1977.
L'EUROCOMMUNISME (essai), Fayard. 1977.

© éditions universitaires, Paris, 1984
ISBN 2-7113-0284-9

DC
423
·F66
1984

4

Table
des
matières

1981-1984

Oui, pourquoi?

Le 10 mai 1981, grâce au déplacement d'un million de voix, la gauche accède au pouvoir. Elle en avait été si longtemps écartée qu'elle pouvait se croire à jamais maudite. Et c'est une gauche unie — depuis peu, il est vrai, et après quels détours, mais le temps des querelles semblait révolu. Jusque là l'électorat était coupé en deux blocs sensiblement égaux, et le camp qui, en définitive, avait gagné, le devait, pour beaucoup, à des suffrages douteux importés des anciennes colonies africaines. Cette fois-ci, c'est une frange de l'opinion modérée qui a basculé à gauche, fatiguée sans doute de voir toujours les mêmes têtes, et cette volonté de changement se manifeste plus nettement encore aux élections législatives qui suivent de peu les présidentielles. Mitterand n'a même pas besoin des communistes pour gouverner mais, fidèle à la stratégie unitaire dont il s'est fait le champion depuis 1965 et parce qu'au second tour les voix communistes se sont massivement reportées sur son nom, il fait au PC une place dans le deuxième ministère Mauroy. (Le premier avait seulement essuyé les plâtres).

Or, avant même que la gauche ait fêté le deuxième anniversaire de sa victoire, les sondages d'opinion, et — c'est plus grave — les élections partielles, puis les municipales de mars 1983, accusent un net recul de la nouvelle majorité, l'ancienne voyant, d'autre part, ses chances augmenter, grâce à un coup de pouce du Conseil d'Etat qui lui offre, en fait, un troisième tour de scrutin. Tout se passe comme si les modérés qui ont viré à gauche en 81, estimant que « deux ans ça suffit » pour jeter sa gourme, avaient réintégré les familles de pensée dont ils étaient issus. « Le flux les amena, le reflux les remporte ». Du coup, les dirigeants de la droite reprennent espoir. Non contents de contester la légitimité de leurs successeurs, voilà qu'ils exigent un retour aux urnes avant même les échéances prévues.

Il faut les comprendre; ces braves gens. Ils avaient mal accepté leur défaite. Quand on a occupé les palais nationaux pendant des années, on a tendance à en faire sa chose, son bien propre, et à tenir pour des usurpateurs sans titres ceux qui osent s'en emparer. C'est naturel, non? L'heure de la revanche allait-elle sonner?

Puis viennent les « européennes », et c'est plus qu'un recul. Le P.S. redescend à 20 %, et l'effondrement du P.C. (un P.C. qui refuse pourtant d'admettre son déclin) est si spectaculaire que celui-ci se verra contraint tôt ou tard à une révision déchirante, portant sur son identité et son utilité, sur le rôle qu'il peut encore jouer, sur son patrimoine doctrinal, enfin sur la manière dont il est dirigé. Un score à peine supérieur à celui d'un Le Pen, c'est un affront intolérable...

Devant un tel revirement de l'opinion, il est normal que l'on s'interroge, que l'on en cherche les raisons dans les fautes commises, ou encore dans une malchance persistante, liée à la conjoncture ou à la crise mondiale. On relève, au hasard, dans un faisceau de griefs accumulés ou de critiques convergentes : la lourdeur de la ponction fiscale — l'insécurité qui règne dans certaines banlieues et qu'on impute au nombre exagéré d'immigrés installés sur notre sol — les crimes commis par les détenus au cours de leurs permissions. (Trois reproches qui semblent avoir été déterminants... Mais l'auraient-ils été si le pays avait mieux compris la nécessité des efforts et des sacrifices qu'on exigeait de lui, les mobiles humanistes auxquels répondaient certaines mesures ? Pouvait-il les comprendre si l'on n'avait pas su trouver les mots qui l'auraient convaincu ?) Et l'on n'en finirait pas d'épiloguer sur les difficultés rencontrées par le pouvoir nouveau pour expliquer sa politique, alors qu'il a laissé les grands moyens d'information aux mains d'adversaires acharnés à dénigrer un bilan largement positif en bien des domaines.

A la réflexion, peut-on se contenter de raisons conjoncturelles et aussi superficielles ? Ne serait-il pas plus indiqué d'aller fouiller dans l'humus dont se nourrissent les motivations secrètes ? De traquer, jusque dans l'inconscient trouble où ils se dissimulent, les réflexes décisifs, les automatismes acquis ou innés qui commandent au comportement civique de l'électeur ? Plus simplement dit, la gauche ne devrait-elle pas ses déboires à une erreur d'appréciation ? Ne s'est-elle pas méprise sur la nature réelle du pays dont sa victoire de 81 lui a confié les destinées ? Avec cette générosité naturelle, un peu naïve et sans laquelle la gauche ne serait plus la gauche, n'a-t-elle pas idéalisé les Français ? Ne s'est-elle pas livrée à une généralisation abusive, à une extrapolation hasardeuse à partir de ce rideau de militants honnêtes et désintéressés, où elle a cru voir l'image authentique de la France vraie alors qu'en fait ils la lui cachaient ?

Il est certes possible que cette désaffection ne soit que momentanée, d'autant que les pertes de la gauche ne profitent pas toujours à la droite et que les voix de la déception se dispersent dans l'abstention ou l'extrémisme. Il peut arriver qu'après s'être défoulé lors de scrutins mineurs, l'électorat de gauche se ressaisisse. Mais enfin, les chiffres sont là, et ils nous invitent à un examen d'ensemble des réflexes actuels de la société française... Et l'on est bien forcé d'admettre que les réactions d'inspiration poujadiste y tiennent une large place. Poujadiste ? Poujadisme ? Pour que tout soit clair dès l'abord, nous emprunterons, à titre de première approche la définition du vocable, adjectif et substantif, à cet irremplaçable outil de travail qu'est le « Robert » des « Mots Contemporains ».

Poujadisme : substantif masculin, 1956, (de P. Poujade, nom du fondateur de l'Union des Commerçants et Artisans). Mouvement et parti politique de la IVe République... qui avait l'appui des petits commerçants menacés par l'évolution économique. Ses tendances d'extrême droite se manifestaient par un refus des institutions, en particulier du système fiscal, une aversion envers les intellectuels et les technocrates.

Par extension : attitude de refus en face de l'évolution économique, technique, etc...

Poujadiste ou néo-poujadiste.

Inspiré par le poujadisme.

Et, dans les extraits de presse cités en exemple, on relève les expressions suivantes : anarchisme petit-bourgeois ; tendance à la grogne ; l'âme irrationnelle des populations.

La
France
dans
un miroir

— Ce cher vieux Paris... Mon bon vieux Paris, disait l'oncle Arsène qui se rappelait, non sans quelque émotion trouble, avoir commencé son droit dans la capitale, en 1914, avant de «s'engager», devançant l'appel. Depuis, au même titre que la Grande guerre, il s'était approprié Paris et en disposait comme il l'eût fait d'un élément de son patrimoine.

—. Paris, lui répliquai-je, vous est assurément demeuré cher pour des raisons que je veux ignorer. Qu'il soit vieux, les Arènes de Lutèce sont là pour l'attester; qu'il soit bon et vous appartienne en propre, c'est une autre affaire. Mais, à vos illusions, notre indulgence reste acquise. Tout provincial fait une place dans son cœur à un Paris taillé dans le tissu de ses rêves.

Le Paris d'Aragon souffre des mêmes ambiguités... «*Paris plus déchirant qu'un cri de vitrier...*» Passe encore, l'image est belle, mais ne signifie rien, ce qui la rend inoffensive. Mais «*Paris qui n'est Paris qu'arrachant ses pavés...*» là, nous ne marchons plus. Il y eut, certes, les Trois Glorieuses, 1848, la Commune, la Libération, et, côté farce, mai 68 ou les barricades des carabins de 83. Mais, de là, laisser entendre que subsiste, au cœur des Parisiens, une volonté irrépressible d'extraire les pavés de leurs alvéoles, de les entasser au travers des rues, mêlés au bric à brac hétéroclite et au mobilier hors d'usage dont les riverains se débarrassent si volontiers à la faveur de l'émeute... Ou encore que, si grande est sa hâte de modifier, de fond en comble, un ordre social qui heurte gravement son sens de la justice, il va se précipiter sur le matériau le plus efficace et le plus accessible, avant de donner l'assaut ou de résister à l'assaut adverse, l'extrapolation dans le temps s'avère hasardeuse. Mais comme il nous est nécessaire, comme il nous réchauffe le sang, dans les périodes de médicocrité où celui-ci aurait tendance à s'épaissir et où tout nous invite à la somnolence, le souvenir de ces frémissements de l'histoire qui nous tiennent lieu d'héroïsme ! Au fait, n'est-ce pas confondre la partie et le tout : combien furent-ils, aux heures les plus chaudes du passé, les Parisiens ayant eu vocation d'arracheurs de pavés ? De nos jours, si on les arrache, c'est parce que l'asphalte se montre plus affable aux pneus et aux ressorts... Un problème de voirie, et tant pis si le romantisme du pavé fait les frais de la substitution...

« Paris qui n'est Paris », nous conservons ce préambule, et tant pis si la suite refuse le carcan de l'alexandrin ou le clinquant des professions de foi. *« Paris qui n'est Paris »* dirons-nous, en sacrifiant le panache à l'exactitude, *« qui n'est Paris »* qu'attendant le moment chaque dimanche, de verser son obole au guichetier du P.M.U., en vue d'améliorer la race chevaline.

« Paris qui n'est Paris » que lorsqu'il vide ses tripes sur les autoroutes, lors des migrations massives de l'été... Paris qui n'est Paris que dans la lenteur puante du week-end, quand les chenilles processionnaires rampent vers les résidences secondaires... Paris qui n'est Paris qu'entraîné dans la ronde infernale qui l'empêche de voir la main miséreuse tendue vers l'aumône, la façade de Mansart dans la lumière d'août et, le long des allées du Luxembourg, la fleur fraîchement éclose...

« Paris qui n'est Paris »... ce Paris frivole qui se croit quitte de tout autre hommage à la culture quand il a fait la queue,

une fois l'an, devant les Impressionnistes du Jeu de Paume, ou exposé de belles épaules, extraites de belles fourrures et baignées de belle musique, à Pleyel, un soir de gala...

Ce Paris qui a exilé les pauvres vers les banlieues et qui tolère seulement, dans ses mansardes, des robots femelles, importés d'Espagne ou du Portugal, en surcharge dans des camions d'agrumes, et voués désormais à la vaisselle et aux parquets.

Ce Paris... mais, de grâce, un pays que l'on prétend faire entrer, en l'aiguillonnant s'il le faut, dans un schéma pré-établi de fraternelle égalité, qu'on s'efforce au moins de le voir tel qu'il est, et non plus tel qu'on le souhaite, ne serait-ce que pour mesurer à l'avance l'immensité de la tâche... Nous avons simplement noté jusqu'ici quelques points de repère. C'est une invitation à allonger la liste pour parvenir à une vue d'ensemble de la situation, sans laquelle la volonté réforma-trice, si admirable soit-elle, risque de s'égarer et de manquer son but.

Sans doute, imputer au seul électorat le divorce inter-venu entre gouvernants et gouvernés, présente quelques dan-gers, dans la mesure où le pouvoir se dérobe ainsi à une salutaire autocritique. Mais n'est-il pas aussi déraisonnable d'innocenter le peuple souverain?

Il est prudent, de la part d'un nouveau locataire, de faire procéder, avant de s'installer, à un inventaire ou à un constat de l'état des lieux. Pourquoi l'Elysée aurait-il échappé à la règle, et son nouvel occupant méconnu cet usage? La gauche victorieuse en la personne de François Mitterrand, bientôt rejoint par les bataillons serrés de la majorité nouvelle, se devait de s'informer avec précision de l'état réel du pays qu'elle allait prendre en charge — précaution élémentaire dans la mesure où de rudes polémiques avaient pu en défor-mer l'image.

Un «état de grâce», étalé sur quelques mois, allait ac-cueillir le nouveau pouvoir et lui faciliter la tâche, s'il savait l'utiliser au mieux, mais il n'interdirait pas une interminable controverse sur les raisons auxquelles François Mitterand devait sa victoire et Giscard sa défaite. Ces controverses exigeaient de la gauche le choix d'un mot pour désigner la situation dans laquelle les prédécesseurs avaient laissé le pays. On donna la préférence à « héritage », et les nouveaux gouvernants se reconnurent, non sans raison, le droit d'invoquer « l'héritage » pour expliquer une part de leur difficultés. Bien sûr, il faut savoir où s'arrêter sur cette lancée. On ne pourra pas, éternellement, recourir à l'argument, comme le firent les Russes, qui, un demi-siècle après Octobre, s'abritaient encore, pour expliquer leurs échecs, derrière une évocation apocalyptique de l'héritage tsariste. Un jour vient où l'on ne peut plus imputer qu'à soi-même les insuffisances d'une gestion. Mais quand on trouve dans les tiroirs, le jour de la passation des pouvoirs, une liste déjà impressionnante de chômeurs, un taux d'inflation à 14 % et que l'on se heurte quotidiennement à la masse des problèmes laissés sans solution depuis dix ou vingt ans, on est autorisé à parler d'héritage sans craindre l'imposture.

Le choix du mot n'était, cependant pas des plus heureux. Le mot « héritage » reste lié à des images séduisantes, et d'abord celle de l'oncle d'Amérique qui, d'émigrant miséreux, voici cinquante ans, quand il quitta la vieille Europe, est devenu un nabab et s'est souvenu, avant de mourir, qu'il avait laissé une famille à Quimperlé ou à Remiremont. Quant à ce personnage de roman vieillot qu'est « la tante à héritage », comblée de chatteries autour du Nouvel an, on l'imagine volontiers dormant sur un matelas de dollars. Le mot « héritage » n'aurait aucun sens si le magot de la vieille dame avait souffert d'une discrète dilapidation et si l'on ne trouvait que des factures impayées à l'ouverture du coffre. Non ! dans l'imagination populaire, au même titre que le gagnant du tiercé, un héritier est un homme heureux et l'héritage une faveur inespérée, un don du ciel. En mai 81, à « héritage », nous aurions donc préféré « succession » au sens concret du mot, celui-ci ayant l'avantage, si l'on peut dire, d'inclure les surprises désagréables.

Héritage ou succession, la gauche victorieuse a cependant commis, à cette occasion, un certain nombre d'erreurs graves, dont la première a été de se montrer « fair play » (ou imprudente, si l'on préfère) dans le choix des membres de la fameuse commission chargée d'établir le bilan de la gestion précédente. D'ailleurs le principe même de sa convocation n'était-il pas vicié à l'origine ? L'établissement et la publication d'un bilan n'avaient d'intérêt que si l'on pouvait ainsi présenter à l'opinion publique un document de propagande, fondé sur des chiffres, certes, mais marquant une rupture avec le passé et annonçant les temps nouveaux. On eût même admis, à la rigueur, un discret coup de pouce à la vérité vraie si les électeurs de gauche y avaient trouvé la confirmation que leur choix était bon, et le nouveau régime un surcroît de légitimité. Mais, si les travaux de la commission donnaient naissance à un texte nègre-blanc d'où il résultait qu'après tout les décisions à prendre en matière économique sont si délicates, si aléatoires, si étroitement tributaires de contraintes extérieures que, seules, des nuances distingueraient une gestion de gauche d'une gestion de droite, alors mieux valait qu'il n'y eût ni bilan ni commission. On notera que dans un même respect du « fair play » — mais ici, il frôlait la jobardise — la gauche victorieuse crut pouvoir faire confiance aux hommes-carpettes du régime précédent, en place dans la haute administration et surtout dans l'audiovisuel — la vitrine d'un régime...

Deux thèses s'opposaient qui conjuguaient leurs effets pernicieux. L'une, toute empreinte d'angélisme : « Faisons confiance au sens de l'Etat chez les grands commis ou au « professionnalisme des vedettes » ! L'autre, plus cynique et directement inspirée de Machiavel : « Serviles ils furent envers nos prédécesseurs. La servilité est dans leur nature. Serviles ils seront envers nous ! ». Tragiques illusions ! La servilité restait bien le moteur de leur comportement, mais seulement envers leurs anciens maîtres. Il a fallu attendre deux ans, et la désignation d'un porte-parole officiel, pour que cessât une pratique scandaleuse en vertu de laquelle chaque décision gouvernementale était annoncée en une courte phrase, et, aussitôt après, très longuement analysée et, condamnée bien sûr, puis déchiquetée et jetée à la poubelle par un des chefs de l'opposition, lesquels détenaient, en fait, le monopole du commentaire. La mise en place, un peu prématurée, d'une « Haute Autorité » était-elle bien la marque d'un méritoire libéralisme, la promesse que serait respectée désormais l'indépendance des moyens audiovisuels, ou une dérobade de l'Etat devant son devoir d'informer — et même de diriger l'opinion — Ne la laissait-on pas diriger exclusivement par les autres ? — le tout assaisonné d'un zeste de masochisme ? On nous pardonnera si l'indignation nous a quelque peu écarté de notre route, mais la digression n'est qu'apparente. Nous restons au cœur de l'héritage en évoquant les prébendiers et prébendières hérités du régime précédent et auxquels la gauche a confirmé leur prébendes. Est-ce le moment de préciser que lorsque nous disons « la gauche », nous pourrions dire : « Nous, la gauche », en vertu d'une solidarité de principe qui persiste même à propos de mesures que nous déplorons ?)

Une autre erreur, plus grave encore, consistait à avoir circonscrit le bilan dans les étroites limites de l'économie. Les chiffres sont, assurément, une réalité, infiniment respectable au demeurant, encore que la marge laissée à leur interprétation autorise les pires mystifications. Mais enfin, toute la réalité d'un pays ne tient pas dans des chiffres. Les motivations psychologiques, les réflexes profonds qui font agir les hommes à un moment donné, sont aussi éclairants, sinon plus, que les colonnes d'additions où viennent s'inscrire le Produit National Brut ou la balance du Commerce extérieur. Et ces idées, en suspension dans l'air, qui, mystérieusement, viennent soudain chercher asile dans la tête de tel ou tel et agissent aussitôt sur son comportement civique, n'ont-elles pas aussi leur place dans un inventaire complet ? Ne contribuent-elles pas à affiner l'image du pays qui vous a confié ses destinées et qui vit tout autant sous l'emprise de ses passions que selon les rigoureux impératifs d'un déterminisme économique. La statistique, les sondages d'opinion si les questions sont honnêtement posées, toutes les données numériques qui révèlent, en pourcentage, l'importance relative des diverses tendances de l'opinion, sont autant d'éléments d'information qu'un observateur sérieux ne saurait négliger. Mais peuvent-ils remplacer l'information directe, le contact humain, l'examen attentif des comportements, associé à une patiente recherche de leurs mobiles ? La crise du civisme, les ravages d'un individualisme qui prend, de jour en jour, des proportions plus alarmantes, la vie quotidienne qui en est directement affectée, la nature exacte des préoccupations de nos compatriotes, leurs goûts, les spectacles qui attirent la majorité d'entre eux, leurs réactions à chaud devant l'événement, les faits divers qui mettent en branle leur sensibilité, peut-on se désintéresser des indications précises qu'ils apportent à l'établissement du portrait-robot des Français moyens ? Questions subsidiaire : ce Français moyen existe-t-il ?

« Majorité silencieuse », France profonde, l'appellation change mais, sous la variété des formules, rampe une même réalité : cette masse invertébrée d'hommes et de femmes pour qui la politique n'est pas l'essentiel dans la vie et qui vaquent tranquillement à leurs petites affaires dans une indifférence apparente à l'égard des grandes affaires de la nation. Ils se veulent étrangers au fonctionnement des institutions et nourrissent envers celles-ci une méfiance qui, pour n'être exprimée que rarement, et sous forme d'aphorismes vengeurs, de grognements indéchiffrables ou de vitupérations lancées à la cantonade, n'en est pas moins la dominante de leur comportement, si bien que, même lorsqu'ils se taisent, le silence est pour eux une sorte de langage.

Le mot « silencieux » a été, semble-t-il, employé une première fois par les animateurs du courant intégriste dans l'Eglise, notamment par celui qui est devenu son chef de file, le journaliste maurrassien Pierre Debray. Et cette référence aux « silencieux » de l'Eglise nous aidera à mieux comprendre d'autres « silencieux », dans le monde profane.

Ces « silencieux » sont les cloportes d'une France « profonde ». Leur silence est né d'une impuissance à trouver le mot juste, les formes d'action efficaces. Mais il peut résulter aussi d'une digestion difficile après tant de couleuvres avalées. Il n'est pas, en tout cas, pour eux, une vocation définitive, un destin obligé. Il n'interdit pas, chez ceux qui ont si longtemps rongé leur frein sans rien dire, de soudaines et brutales explosions de colère qui, elles, font du bruit. Les avenues de Versailles et de Paris en conservent l'écho.

Les « silencieux » de la politique sont taillés dans le même bois que les « silencieux de l'Eglise ». Il n'est pas interdit de penser qu'il s'agit quelquefois des mêmes. Mais le champ d'action des premiers est plus vaste et leur poids plus déterminant. En fait, dans un régime soumis aux règles arithmétiques du scrutin majoritaire et où s'affrontent deux blocs d'égale importance numérique — ainsi dans la France actuelle — c'est l'apolitisme viscéral des « silencieux » qui devient paradoxalement le maître du jeu politique en faisant pencher la balance dans un sens ou dans l'autre (et plus souvent dans l'un que dans l'autre...).

Les praticiens de la politique et les commentateurs emploient volontiers, au lendemain d'un scrutin qui les satisfait, la formule classique « Le pays s'est nettement prononcé », et il en ont le droit. Pieuse fiction, convention de langage ? Peut-être ! Mais, l'élection se serait-elle jouée à quelques voix, l'affirmation péremptoire d'un net succès est nécessaire pour assurer, à l'équipe qui va gouverner ou administrer, la légitimité qui lui permettra de faire son travail sans être contestée trois fois par semaine. Dès lors que la convention est admise, on cesse de s'interroger sur la validité d'un choix et l'on feint de croire que le pouvoir en place a « le pays derrière lui ». Une investiture aussi douteuse, cependant, si elle suffit pour gouverner au jour le jour ou à la petite semaine, permet-elle d'exercer vraiment le pouvoir ou seulement de l'occuper ? Si la majorité ainsi investie prétend en effet se lancer dans de profondes réformes, l'opposition saura lui rappeler l'origine incertaine de son pouvoir et les limites à ne pas franchir.

C'est une des raisons — peut-être la plus décisive — des difficultés rencontrées par le gouvernement de la gauche après la victoire électorale de mai 1981. (Nous disons bien « de mai ». Le régime constitutionnel étant ce qu'il est, on sait bien que l'election présidentielle prime toutes les autres). Or, quand dans un tel scrutin, le résultat a été acquis par un déplacement de moins de deux pour cent, un infime contingent de « silencieux » — une écume de la France profonde — ayant éprouvé la tentation de gambader hors de son enclos habituel) il est aussi vrai de dire, de telle ou telle mesure novatrice, qu'elle « a recueilli l'adhésion du pays » ou que « le pays la récuse » — aussi licite de porter ainsi des jugements exactement contradictoires.... Le communiste italien Enrico Berlinguer fixait à 60 % le seuil au-dessus duquel seulement la gauche italienne pourrait songer à appliquer son programme. La droite française semble arriver aux mêmes conclusions quand elle dénie au pouvoir actuel le droit de nationaliser ou de décentraliser, en un mot de remodeler la carte politique et l'économie, en affirmant qu'elle n'en a pas reçu expressément mission lors du seul scrutin qui compte vraiment, et même si une écrasante majorité parlementaire lui a ensuite permis de le faire. En définitive, lorsqu'est menacé un équilibre traditionnel, un mode de vie, un modèle de société fondé sur le maintien du statu quo dans la répartition des richesses et le culte de certaines valeurs, il n'est plus question de se sentir lié par des conventions jusque-là tacitement admises. Plus question d'accorder le moindre crédit à la fiction selon laquelle « le pays s'est prononcé » alors que la majorité n'est acquise qu'à une seule voix. Du coup, c'est toute une architecture institutionnelle qui s'effondre dès l'instant où la droite pensante prétend corriger les imprudences des chevau-légers qui sont allés brouter chez l'adversaire.

L'exemple de 36, qui semble aller à l'encontre de cette explication ne doit pas nous égarer. On ne peut comparer que ce qui est comparable. La Constitution de 1875 n'avait pas prévu l'élection au suffrage universel du président de la République et le scrutin d'arrondissement en vigueur aux législatives ne pouvait, en aucun cas, donner une idée exacte de l'état réel de l'opinion. Certes, en totalisant, sur l'ensemble du territoire, les voix de droite et les voix de gauche, mais en tenant compte des correctifs rendus nécessaires par l'attitude douteuse de certains radicaux et par l'incidence de certaines situations locales sur le résultat du scrutin, on était en droit de conclure à une victoire du Front populaire et celle-ci pouvait être célébrée avec lyrisme par Léon Blum, Edouard Daladier et Maurice Thorez. Mais elle n'avait été obtenue que par un déplacement minime des voix (à peu près 400 000...). Et cependant un écart aussi faible n'a jamais été invoqué par la droite pour dénier à la gauche le droit d'effectuer des réformes jugées révolutionnaires — et qui, dans la situation d'alors, l'étaient vraiment.

Les mentalités patronales et les idées à l'honneur dans la bourgeoisie étant ce qu'elles étaient, les congés payés, les 40 heures et la notion de loisir ouvrier constituaient en effet une telle atteinte à un ordre immuable et sacré, à des privilèges découlant d'un monopole de classe, qu'on pouvait légitimement parler de révolution. On a du mal à le comprendre aujourd'hui alors que le mode de vie d'un ouvrier français de la Régie Renault, par exemple, ne diffère pas fondamentalement de celui d'un grand patron — différence de degrés, bien sûr, mais non pas de nature — les loisirs s'étant tout naturellement intégrés au mode de vie. Or, nous dira-t-on, malgré l'ampleur réduite du déplacement des voix, les réformes « révolutionnaires » du Front populaire ont été votées à la quasi-unanimité des Assemblées, et la légitimité du gouvernement, son droit à réformer la société française n'a pas été vraiment contesté. Pourquoi ce droit est-il contesté à la gauche en 1983, alors que le capitalisme de droit divin a cessé d'exister et où les idées ont nettement évolué sous l'effet d'une démocratisation d'ensemble de la société?

La question vaut d'être posée, mais la réponse est évidente. Il faut aller la chercher du côté du rapport des forces, non pas dans les urnes mais sur le terrain. Quand des millions de travailleurs en grève occupent leurs usines ou leurs ateliers ; quand des cortèges immenses attestent que la vague d'enthousiasme a entraîné une foule de gens qui, pour beaucoup, n'avaient même pas voté pour le Front populaire, mais qu'avait séduits une extraordinaire ambiance de liberté et de bonheur — oui, de bonheur — les défenseurs les plus résolus des privilèges de l'argent, sans renoncer pour autant à prendre un jour une éclatante revanche, n'ont d'autre ressource que de s'incliner. Quand, au cours des discussions préalables aux fameux Accords de Matignon, on présente la feuille de paie d'un ouvrier au patron des patrons de la métallurgie, celui-ci a ce mot terrible qui a valeur d'autocritique:

— Nous avons été bien coupables...

Et les patrons intelligents se tournent vers Blum en qui ils voient le seul homme capable de les sauver dans une situation aussi inattendue, aussi traumatisante pour leur univers mental. Et devant un tel rapport de forces, le Sénat lui-même, le Sénat que Joseph Caillaux mène à la baguette dans les voies d'un conservatisme étroit, le Sénat « mort de trouille » disait-on « à la base », vote tout ce qu'on lui demande de voter et eût même décidé son sabordage.

Le droit constitutionnel n'avait pas prévu ce coup de pouce que la rue donnerait au fonctionnement normal de la démocratie parlementaire. Mais existe-t-il un texte juridique, une règle de droit, en vertu dèsquels, agissant en tant que groupe de pression ou plus directement par le truchement de ses hommes à elle, ou encore en faisant jouer le réseau des alliances et des cousinages, ou, simplement enfin, du seul fait de sa position de classe dominante, la bourgeoisie serait habilitée à peser de tout son poids et en permanence sur les institutions démocratiques? Le coup de pouce populaire, c'était peut-être le moyen, provisoire mais efficace dans l'instant, de rétablir l'équilibre. Il va sans dire que les vaincus du 26 avril et du 3 mai 1936 n'allaient pas manquer de prendre leur revanche sitôt après que l'affaire espagnole fut venue diviser la gauche et briser le courant populaire... Et nous voici en 81. La folle nuit de la Bastille ne doit pas faire illusion: le défoulement enthousiaste de la jeunesse et de la gauche intellectuelle exprimait leur joie de voir la France délivrée de ce hareng saur méprisant et pontifiant, installé depuis sept ans à l'Elysée, et de ce plein de soupe orgueilleux qui, depuis cinq ans à Matignon, nous faisait la leçon avec une morgue incroyable, à la mesure de ses échecs face au chômage et à l'inflation. Mais de courant populaire, point — nous voulons dire: pas de mouvement structuré, organisé, utilisable par le nouveau pouvoir qui aurait pu s'appuyer sur lui pour briser les obstacles et franchir les passes difficiles. Rien de semblable à cette pyramide des comités locaux et départementaux du Front populaire, chapeautée par un comité national représentatif des diverses tendances de la gauche et qui, malgré les rivalités et les querelles intestines, s'efforçait de maintenir vivant dans le pays l'esprit de juin 36. Ce n'est pas qu'ait manqué au nouveau président un préjugé favorable. Il disposait, au départ, d'un capital considérable de sympathie et d'espérance que lui avaient valu sa persévérance acharnée à unir la gauche et la rectitude sans faille de son opposition au régime né du coup de force d'Alger en mai 58. Mais il devait prendre note de plusieurs éléments négatifs, d'une importance inégale, mais qui conjuguaient leurs effets, et tout d'abord, du fait qu'au « peuple de gauche » était venu se joindre une fraction de l'électorat modéré, désireuse de se débarasser des équipes en place, mais qui avait voté moins pour lui que contre « les autres », ce qui signifie qu'elle n'était pas acquise à l'idée d'une transformation profonde de la société. Il devait également tenir compte de la prudente réserve, assez rapidement teintée d'hostilité, des intellectuels importants, jusque-là favorables à la gauche, mais qui cherchèrent un refuge dans une bouderie hargneuse quand ils découvrirent que le gouvernement des hommes était plus difficile, parfois plus décevant, qu'une construction abstraite de l'esprit. A cela s'ajoutait un certain scepticisme. Scepticisme quant à la solidité de l'union : allait-elle survivre aux premières difficultés rencontrées ? Allait-elle éviter l'écueil de la surenchère démagogique ? La tactique n'y tenait-elle pas plus de place que la sincérité ? Scepticisme plus fondamental encore quant aux chances de réussite. Est-ce en vertu d'une fatalité historique que l'électeur de gauche est condamné à tenir le rôle de l'éternel cocu, à se faire régulièrement couillonner et à voir ses espoirs soumis à la brutale guillotine de cette règle des deux ans qui vit 26 effacer 24, 34 étouffer 32, 38 faire oublier 36, 47 pulvériser 45 et 58 donner le coup de grâce à 56 ?

Inquiétante, cette règle des deux ans qui préside, semble-t-il, aux oscillations du pendule électoral depuis trois quarts

24

de siècle, aussi inquiétante que le principe même de ce mouvement pendulaire. Elle nous donne, en tout cas, matière à réflexion... 1924, c'est la victoire du Cartel. La gauche avec ses grands hommes : Herriot au mieux de sa forme, Caillaux remonté des catacombes, réhabilité après avoir si longtemps souffert, lui aussi, de la folie obsessionnelle de Clemenceau, Malvy, Painlevé le mathématicien jouflu... Les socialistes ne « participent » pas, ils « soutiennent ». Les communistes, enfermés dans leur ghetto, ne comptent pas. 1926, panique financière. La livre sterling, qui exerçait alors la même prépondérance que le dollar aujourd'hui, atteint des sommets vertigineux. L'opinion prend peur. Herriot capitule devant « le mur d'argent ». La droite, avec Poincaré, revient au pouvoir et prend Herriot en otage dans l'équipe. 1932, un même scénario : le Cartel a gagné. Voici Herriot président du Conseil. Les socialistes « soutiennent » sans « participer ». Après une cascade de gouvernements et de gros scandales financiers, l'émeute du 6 février ramène la droite au pouvoir et l'opinion se rallie à un Doumergue arraché aux plaisirs simples de sa retraite méridionale. On invoque Cincinnatus, tandis que les ligues factieuses tiennent le haut du pavé et que bientôt les décrets-lois de Laval vont aggraver singulièrement la situation matérielle des salariés et des fonctionnaires. 1936, la victoire est plus nette et la gauche, élargie, cette fois, à toutes ses composantes. Le Front populaire fait naître, dans le pays, d'immenses espoirs. Devenus les plus nombreux, les socialistes « participent », évidemment, puisqu'il revient à l'un des leurs, le plus prestigieux, le redoutable honneur de présider le gouvernement. Arrivés en nombre, les communistes, à leur tour, « soutiennent » sans « participer ». Deux ans après, en 1938, Munich ayant approfondi la cassure provoquée par la guerre d'Espagne, le Front populaire éclate du fait de la sécession des radicaux, entraînés par leur électorat que les événements ont inquiété et qui s'est replié sur lui-même. La guerre arrive, la défaite, puis, au repêchage, la victoire de 1945. Une deuxième mouture du Front populaire, mais élargi aux chrétiens et réuni autour d'un « général de brigade à titre temporaire », gagne les élections et, sous le nom de tripartisme va gouverner la France. Deux ans après, c'est la guerre froide qui commence. La rupture entre les pays vainqueurs entraîne la dislocation du tripartisme. La voie est ouverte aux grenouillages auxquels la troisième force associera son nom, mais là encore, c'est un revirement de l'opinion, effrayée par les événements extérieurs, qui va accélérer les choses. Voici 1956. Malgré les réserves qui s'imposent, on peut quand même parler d'une victoire de la gauche — une gauche amputée, et qui préfère Mollet à Mendès — encore que le Front républicain ne présente que de lointaines ressemblances avec le Front populaire. Deux ans après, c'est de Gaulle qui arrive au pouvoir, porté par le coup de force des militaires en révolte, bientôt ratifié par un ralliement massif de l'électorat au nouveau pouvoir. L'aventure gaulienne et ses prolongements pompidoliens et giscardiens vont durer vingt-trois ans, et il faut attendre 1981 pour que la gauche connaisse enfin un succès triomphal. Mais, deux après, les élections partielles et les sondages font apparaître un net repli de cette frange de l'opinion à laquelle Mitterrand devait sa victoire. Un certain contingent d'électeurs ont réintégré leurs formations d'origine dans la crainte d'une transformation trop rapide et trop profonde de la société, et devant les difficultés économiques résultant de la crise mondiale.

Certes, lorsqu'on dit «l'opinion bascule», il ne s'agit nous l'avons dit, que d'une fraction infime de l'électorat, un faible pourcentage, mais, dans le système majoritaire, c'est cette infime fraction, la moins motivée, la plus étroitement soumise à des réflexes primitifs, la plus faible intellectuellement qui, impose ses vues au pays tout entier. Mais pourquoi prend-elle chaque fois un aller et retour? Tout se passe comme si l'esprit ou le cœur des électeurs de cette frange était soudain le théâtre d'un douloureux conflit entre les tentations généreuses auxquelles il leur arrive de céder (Et c'est 24, 32, 36, 45, 56, 81) et la pesanteur des intérêts, des craintes, des influences qui les font reculer, effrayés de leur propre audace. Ces «douloureux tourments d'un cœur irrésolu», comme disait l'autre, on les expliquait jadis par la formule célèbre : le cœur est à gauche et le portefeuille à droite... Un raccourci simpliste, peut-être, et en partie exact, mais qui demanderait à être complété par une prise en compte de l'effet déterminant de facteurs psychologiques ou même de phantasmes dont la parenté avec le poujadisme nous semble évidente. Nous y voilà !

Du
poujadisme
historique
au
poujadisme
d'aujourd'hui

Séquelles
et
résurgences

N'est-ce pas un peu trop facile? Facile et malhonnête? Se décharger ainsi sur autrui des fautes qu'il serait en droit de vous imputer, n'est-ce pas, de plus, manquer de courage? Le pouvoir, parce qu'il est le pouvoir, n'est-il pas, par principe, responsable de ses bévues, de ses échecs, de ses insuffisances? Ne doit-il pas inscrire à son bilan, et assumer dans leur totalité, aussi bien les actes effectivement accomplis et les mesures prises, que celles qui auraient dû l'être, que ce qu'il a négligé, que ce qu'il n'a pas su éviter ou prévoir? Il avait accepté le risque d'être incompris ou mal aimé dès l'instant où il prenait le pays en charge. Et pourtant...

Dans la situation présente, le problème des responsabilités est, d'ailleurs, déjà dépassé, et il n'en subsiste qu'un malentendu: le tort de la gauche n'est-il pas d'avoir voulu vêtir la nation d'un habit qui ne lui convenait pas, d'avoir tenté d'insuffler une politique généreuse, égalitaire, nourrie d'un humanisme inspiré de nos plus nobles traditions, à une France poujadiste dans sa majorité?

L'accusation est grave. Nul n'oserait la porter à la légère, sans être tout à fait sûr de son dossier. Le dossier lui-même, serait-il complet si l'on n'y faisait figurer, en annexe, une définition thématique et historique de ce phénomène que fut la flambée soudaine du mouvement Poujade, auquel le poujadisme doit son nom ? On y joindra, par correction envers le Poujade d'aujourd'hui, la lettre d'excuses qu'on lui doit par avance si l'on est amené à raconter en termes peu flatteurs le Poujade des années 50, si l'on donne au poujadisme un sens péjoratif — celui que lui attribuent désormais le langage politique et, on l'a vu, les meilleurs dictionnaires.

Oui, Monsieur Poujade, au moment où j'entreprends un recensement des résurgences, des retombées du poujadisme et de ses relents dans la vie politique des années 80, vous trouverez naturel que je me confonde en excuses si je suis contraint d'utiliser si souvent les dérivés de votre patronyme, et cela, sans votre expresse permission. On m'assure que vous n'aimez pas ça, et que vous auriez tendance (quelques procès en témoignent) à exiger un respect scrupuleux de vos droits de propriété sur votre nom et sur les termes issus de son mariage avec tel ou tel suffixe. Je vous prie de trouver, ci-après, les raisons qui m'incitent à solliciter votre indulgence.

Mettez-vous à ma place ! Comment pourrais-je évoquer résurgences et retombées s'il m'était interdit de nommer ce qui ressurgit ou retombe, autrement que par une périphrase lourde et impersonnelle ? Comment parler d'une « France poujadiste » si, d'un titre à ma convenance, je devais rogner l'essentiel ? Où irions-nous si les héritiers de Vercingétorix, de Louis XIV, de Napoléon et de Clemenceau interdisaient aux historiens l'usage, dans leurs œuvres, du nom de l'ancêtre dont la gloire resplendit par-delà les siècles ? Comme Vercingétorix, Louis XIV, Napoléon et Clemenceau, Monsieur Poujade, vous appartenez à l'Histoire de France, et l'Histoire de France appartient à tous les Français... Je pourrais ajouter que le poujadisme dont il s'agit ici est un poujadisme sans Poujade, une réalité intrinsèque, parfaitement circonscrite, intégrée, en tant que telle, à l'histoire de la pensée politique, et depuis longtemps émancipée... Un complexe idéologique indépendant de celui qui l'a porté, tout enfant, sur les fonts baptismaux et qui l'a, semble-t-il, partiellement renié... (Une récente interview ne nous a-t-elle pas appris que vous avez rompu avec le poujadisme, et que vous fûtes depuis, successivement, pompidolien et giscardien avant de devenir, un temps, mitterrandiste, tandis que vous vous adonniez à la culture du topinambour ?) Certes, le 17 juin 84, vous figuriez, en queue, il est vrai, sur la liste « Le Pen », ce qui impliquait un retour aux sources. Mais en papillonnant dans les enclos si divers, ne laissiez-vous pas nettement entendre que le vagabondage vous semblait plus alléchant qu'une stricte fidélité à votre passé ? Allez-vous rompre des lances pour une cause que vous aviez expressément — et le tout premier — rejetée dans les ténèbres extérieures ? Le Poujade du temps présent ne saurait être atteint par la résonance péjorative du néo-poujadisme qui ruisselle autour de nous... L'affaire est donc réglée, nous n'en parlerons plus...

Va pour « la France poujadiste »...

Oui, mais la France, ainsi cataloguée, ainsi qualifiée, n'aurait-elle pas, elle aussi, lieu de se plaindre et de réclamer des excuses publiques ? Tout n'est d'ailleurs, ici, qu'une affaire d'article, défini ou indéfini : « la » ou « une », that is the question... Il est vrai que le choix de l'article nous a un instant tracassé. Choisir « la » impliquait une condamnation sans appel et exigeait peut-être un plus grand courage. La France était poujadiste dans sa totalité et il n'y avait rien de bon à en attendre. Choisir « une » ménageait la susceptibilité des plus chatouilleux, et le recours aux effets adoucissants du point d'interrogation atténuait la rudesse du verdict. Une porte restait ouverte. Si l'on se proposait de décrire « une » France poujadiste, cela pouvait signifier qu'il existait, à ses côtés, une autre France qui ne l'était pas, et l'on retrouvait le schéma d'un pays divisé par moitié. L'ambiguité de l'article répondait à tous les cas de figures. Dans l'hypothèse pessimiste, c'est toute la France qui était englobée dans un discrédit irrémédiable. En revanche, si l'optimisme l'emportait — ou l'indulgence — toutes les chances demeuraient pour cette tranche de l'opinion qui, à aucun moment, n'avait éprouvé la tentation (une tentation qu'on pût qualifier de « poujadiste »), ou n'avait subi une contagion subtile, insinuante, perfide, capable d'investir chacun de nous, à son insu, de le contaminer, de le corrompre.

En fait, les choses sont moins simples. Ce magicien du langage que, dans la classe politique, on nomme, tout simplement et familièrement Edgar, avait imaginé une notion nouvelle, « les majorités d'idées », différentes de ces majorités manichéennes immuables, découpées à la scie et par la faute desquelles, dans un Parlement, les frontières entre les groupes se hérissaient de barricades. Au contraire, le système Edgar impliquait l'existence, entre majorité et opposition, de frontières mouvantes selon les problèmes en cours d'examen. C'était, pour Edgar Faure, le moyen de faire éclater cette société bloquée qui pesait d'un poids si lourd sur les destinées du pays. C'était aussi donner leur chance aux saltimbanques et aux marginaux de la politique...

Par référence à un tel système, la France poujadiste ou néo-poujadiste serait, elle aussi, à géométrie variable, étendant soudain ses limites, notamment quand se pose un problème touchant aux mœurs, puis les réduisant aux contours de la droite extrême. Et ici, il n'est pas seulement question du choix d'un article.

Poujadiste... Si l'adjectif reste solide au poste, au cœur des plus rudes polémiques ou des analyses les plus sereines de la science politique et alors qu'a depuis longtemps cessé de figurer à la première page des journaux le nom propre dont il est issu, c'est sans doute qu'aucun autre n'aurait pu le supplanter. Ce n'est évidemment pas le seul de ces enfantements sémantiques qui font naître un adjectif du nom d'un homme célèbre. En littérature, cette filiation classique nous a donné gidien, giralducien, baudelairien... Ce précédent est flatteur pour Pierre Poujade... Il n'est pas à la portée du premier venu d'enrichir ainsi le patrimoine linguistique d'un pays.

Chez les professeurs de littérature, c'est pour des raisons de commodité et d'économie qu'on remplace si volontiers le génitif par l'adjectif qui en tient lieu et qui dispense de répéter indéfiniment « de Gide, de Giraudoux, de Baudelaire ». En politique, la démarche est plus complexe. Il arrive, en effet, bien souvent, que vienne s'interposer, entre le nom propre et l'adjectif, un nom commun : celui d'une philosophie. Certes, quand un bonhomme vient vous dire : je suis gaulliste, ou je suis giscardien, cela signifie, simplement, qu'à un moment de sa vie il s'est pris d'un engouement soudain pour de Gaulle, pour Giscard, et qu'il a décidé de les suivre. Il s'agit donc d'une allégance personnelle, de la confiance — accordée à un individu dont on va désormais célébrer les mérites, approuver les initiatives et appuyer l'action — parfois, ainsi pour de Gaulle, d'une sorte d'amour. En revanche quand un autre bonhomme, aussi affirmatif, vient vous déclarer : je suis marxiste ou je suis maurrassien, cela ne veut pas dire qu'il a cédé à la séduction de l'homme Marx ou de l'homme Maurras, mais qu'il a adhéré à un corps de doctrine, à une pensée politique élaborée et structurée, et c'est plus une approche intellectuelle qu'un élan du cœur. Entre Marx et les marxistes, il y a le matérialisme dialectique. Entre Maurras et les maurrassiens, il y a le nationalisme intégral et « l'empirisme organisateur ». On peut n'aimer ni l'un ni l'autre, ou préférer l'un à l'autre, le fait est qu'ils existent, encore que dans bien des cas, un élan sentimental ait pu renforcer ultérieurement l'adhésion de l'esprit. Cependant, si l'on se permet ce rapprochement entre Marx et Maurras, pourquoi s'interdirait-on, les dents de certains dussent-elles en grincer, un rapprochement, aussi éclairant, entre de Gaulle et Poujade qui ont vu, l'un et l'autre, leur nom donner naissance à un adjectif, sans qu'entre les deux une doctrine vînt prendre le relais ?

Quoi qu'en pensent les gaullistes de stricte observance, le gaullisme en tant que doctrine politique n'existe pas. Le gaullisme, c'est une manière de sacraliser le pouvoir et, en même temps, de l'exercer dans un style paternaliste ; c'est un opportunisme génial qui dissimule la docilité à l'événement derrière la prétention affichée de le dominer ; c'est le recours systématique à la ruse et au tape-à-l'œil ; c'est un mépris fondamental pour le citoyen que l'on consulte d'autant plus volontiers que tout se décide en dehors de lui — ceci pour la pratique quotidienne du pouvoir. Quant aux prémisses théoriques, elles sont faites de larcins, commis ici et là, au détriment de l'histoire ou du bagage intellectuel des autres : la notion de « légitimité » est empruntée aux théoriciens de l'Ancien régime ; la pratique du plébiscite au bonapartisme ; le « révisionisme constitutionnel » à Boulanger et Déroulède ; la politique étrangère à Richelieu. Ce n'est pas minimiser le rôle historique du Général que de rappeler ces évidences. Ce n'est pas le plaisir de couper les cheveux en quatre ou de régler de vieux comptes qui nous détermine, mais le souci de s'entendre, dès le début, sur le sens des mots.

Le mot « gaullisme » disparaîtrait-il de l'histoire des idées politiques, les diverses composantes dont il s'est emparé pour en faire sa substance subsisteraient sous d'autres rubriques, restituées à leurs propriétaires légitimes. Est-on certain, à l'inverse, que le mot « poujadisme » disparaîtrait, alors qu'il recouvre une réalité originale, irréductible à toute autre, que l'analyse politique ne peut plus se passer de lui, et qu'on lui fait référence à propos de phénomènes apparus dans d'autres pays que la France, ainsi, en Italie pour expliquer l'Uomo qualunque ? N'a-t-on pas, tout récemment, parlé d'un « poujadisme finlandais » et, sans employer le mot, Andropov n'a-t-il pas déploré l'éclosion, dans son pays, d'une fleur vénéneuse qui aurait les couleurs de notre poujadisme et un parfum de dégénérescence ?

Sans doute serait-il du plus haut comique de parler d'une « doctrine » poujadiste. On ne prétend pas, sous cette étiquette, nous proposer une explication du monde, un aperçu prophétique sur les fins dernières de l'humanité ou le sens de l'histoire, s'il est vrai qu'elle en ait un. Même pas un projet de société. Pour le poujadisme des origines (celui qui prit naissance dans l'arrière-boutique du petit commerce et de l'artisanat), tout ce qui relevait d'une activité désintéressée de l'esprit était voué à la plus méprisante exécration, et, dans l'échelle de l'ignominie, l'intellectuel se situait dans les mêmes bas-fonds que l'inspecteur polyvalent du fisc, chargé d'éplucher la comptabilité du pauvre monde des tiroirs-caisses — ce sadique qui s'abattait sur sa proie avec la même tenace obstination que, jadis, la vérole sur le bas-clergé. On ne saurait donc trouver de mots assez durs pour définir ce qu'il y avait de médiocre et de primitif dans le comportement civique inspiré par le « poujadisme » des années 50, quand le Mouvement Poujade fit irruption dans la vie politique de la IVe.

Si triste, si affligeant que cela soit, le poujadisme a survécu. Nous nous efforcerons de le suivre pas à pas dans la France d'aujourd'hui, et même d'aller le débusquer où il se cache, serait-ce dans les circonvolutions les plus secrètes du cerveau de nos compatriotes, sans, bien entendu, nous exclure du lot.

Un comportement, avons-nous dit... Une attitude devant la vie... Une manière de réagir à l'événement... Mais, au moment où celui qui donna son nom à ce comportement, à cette attitude, à cette manière de réagir s'est évanoui dans le paysage, voici qu'a subsisté sa trace, singulièrement vivante, à la manière de ces rayons de soleil qui continuent d'illuminer le couchant alors que l'astre a déjà plongé dans les vagues dorées de l'océan. Puisse cette somptueuse métaphore, ce parallèle flagorneur inciter l'intéressé à se montrer compréhensif pour l'audacieux qui vient marauder dans son champ !

Mais est-il exact de dire que Poujade a « donné son nom » au poujadisme, comme s'il l'avait ainsi baptisé de propos délibéré ou comme le ferait un romancier, un sculpteur ou un peintre apposant sa signature sur son œuvre terminée ? Poujade n'a pas « donné » son nom, on le lui a pris. Ce n'est pas la première fois que, dérivé d'un nom propre, un substantif ou un adjectif rompt les amarres ou le cordon ombilical et, ainsi émancipé, conduit son destin personnel à sa convenance, sans se soucier de ses origines. On dit de tout choix difficile qu'il est cornélien sans même s'apercevoir qu'on met ainsi Corneille dans le coup. Même dérapage pour « sadique » ou pour « masochiste »... C'est l'analyse politique qui, pour établir un répertoire exhaustif des tendances existantes dans ce pays, a eu besoin d'un nom pour désigner une réalité très précisément définie, inassimilable à une autre déjà inventoriée. Il est probable que Poujade, si on l'avait consulté, aurait réservé ce nom à sa croisade en faveur de la boutique et de l'atelier. Si l'observateur politique le lui a volé pour rendre compte d'une forme grossière et abâtardie de la pensée et d'une perversion déplaisante de l'action, c'est bien contre la volonté du papetier de Saint-Céré. Mais il convenait de décrire ce dérapage sémantique, ne serait-ce qu'à l'intention des jeunes générations qui n'ont que des idées très vagues sur la IVe République.

Celles-ci ont assurément d'autres centres d'intérêt qu'une lointaine révolte des boutiques, et elles seraient tentées de n'accorder, aux quatre années de l'aventure poujadiste, plus de signification qu'à tel épisode, resté mystérieux, de la guerre du Péloponèse ou de la Deuxième croisade. Comme elles ne connaissent guère de l'Histoire, ancienne ou récente, que ce qu'Alain Decaux veut bien leur raconter, (si brillamment), et comme, d'autre part, l'école rejette avec mépris le repérage chronologique qui leur permettrait de situer un événement dans son siècle, elles risqueraient d'attendre longtemps ou même de passer à côté de références nécessaires à la compréhension de notre temps. Si le mot « poujadisme » apparaît si fréquemment dans les journaux, c'est sans doute que l'on a affaire à une constante du comportement politique, à une pièce maîtresse de l'échiquier. D'où l'intérêt d'un retour en arrière. Nous avons la faiblesse de croire à la nécessité de cette remontée vers les sources. Comment pourrions-nous partir à la recherche des survivances du poujadisme dans le comportement politique des Français d'aujourd'hui sans avoir exactement précisé ce que fut le poujadisme d'hier ?

Cette plongée dans le passé révélerait les étapes successives qui ont conduit le mouvement poujadiste de la lutte contre la fiscalité à l'anti-parlementarisme, du combat de rues à l'utilisation de la tribune du Palais-Bourbon, et l'ont amené, peu à peu, à prendre en charge la plupart des thèmes traditionnels de la droite française (ainsi à s'aligner sur les « ultras » de colonialisme pendant la guerre d'Algérie). D'autre part, la personnalité assez exceptionnelle de Pierre Poujade, son dynamisme et son rayonnement (dans un milieu peu exigeant quant à la qualité des arguments) ont donné un contenu nouveau au mythe inusable du « petit » contre « les gros », de David contre Goliath, du primaire contre les intellectuels et les technocrates, du Robin des bois venu de sa modeste boutique contre l'Etat tout-puissant et ses institutions.

Quatre années, avons-nous dit, les quatre années ou cinq qui séparent le moment où, papetier dans la grande rue de Saint-Céré, (au pied du château en ruine où Jean Lurçat crée les maquettes de ses tapisseries) Pierre Poujade appelle commerçants et artisans au combat contre le fisc, puis, tout naturellement, contre le régime politique responsable des excès, jugés insupportables, de la ponction fiscale, et le moment où la IVe République succombe sous les coups des colonels d'Alger et du général de Colombey. Le gaullisme prend alors à son compte, mais en « ratissant plus large » du côté de la masse des mécontents, et en orchestrant, selon un autre style, plus noble, les revendications et les colères dont Poujade s'était fait l'écho sur un registre populacier. En 1958 la victoire du général de Gaulle assure en effet un triomphe aux idées que Poujade incarnait — et quelques autres aussi — otant à ce dernier jusqu'à sa raison d'être, dès lors que le poujadisme, à travers l'anti-parlementarisme notamment, trouve dans le gaullisme son épanouissement.

L'anti-parlementarisme poujadiste, parlons-en !

A la veille des élections législatives du 2 janvier 1956, un grand meeting « poujadiste » allait agiter de la fièvre des grands jours un Vel' d'Hiv' bourré jusqu'au dernier gradin. Deux orateurs : Poujade en personne et son lieutenant Jean-Marie Le Pen...

Vous avez bien lu : Jean-Marie Le Pen. Ceci pour les jeunes générations qui seraient tentées de voir dans le chef du Front National un homme nouveau. Eh oui, ce même Le Pen qui vient de faire une percée remarquée dans la mêlée politique, mais qui a dû attendre près de trente ans pour la réussir... Dans l'intervalle, il avait vivoté d'un obscur bricolage au cours duquel on le vit. successivement, expérimenter une technique musclée pour faire « parler » les bougnoules du F.L.N. algérien puis se faire marchand de disques pour assurer une perennité aux hymnes guerriers de la Wehrmacht. Ce

Le Pen-grande-gueule-et-gros-bras, à qui l'on rendra cette justice qu'il est resté fidèle — parvenu à l'âge mûr — à ce racisme exacerbé, à ce culte de la violence, à cette haine des institutions démocratiques qu'il professait déjà, lorsque — étudiant attardé — il faisait, pour un court séjour, son entrée au Palais Bourbon...

Revenons à notre meeting. Un rapide écrémage du compte-rendu sténographique nous permettra de réunir un florilège copieux et significatif des appréciations portées sur la démocratie et les hommes qui s'en réclament. C'est le Pen qui ouvre le feu sur le personnel politique de la IVe, ces *« rastaquouères »*, dit-il, *« arrivés depuis la libération »*. Mais s'il les décrit comme des *« crapules, des faussaires, des rapaces, des fraudeurs patentés »*, est-ce à dire que les gens en place avant la Libération, à Vichy par exemple, méritaient au contraire tous les éloges ? En tout cas, Herriot est *« un vieux crouton »*, Edgar Faure, *« le député le plus sadique du Parlement »*. Mendès France voudrait-il plus cher ? Pas du tout. *« Avec Edgar Faure »* c'est, pour le pays, *« la mort par enlisement progressif dans la fosse d'aisance, avec Mendès un décès par nettoyage »*. Nous étions vraiment mal lotis. Par la force des choses, le gouvernement était à l'image du Parlement auquel il devait ses pouvoirs. *« Nous sommes gouvernés par une bande d'apatrides et de pédérastes ! »* (Et Le Pen précise que ces pédérastes s'appellent Sartre, Camus et Mauriac...) Cependant l'heure était venue de choisir la punition à infliger à un *« gouvernement de vendus »* et à des parlementaires au service *« des grands trusts internationaux qui ne sont même pas français »* (Forcément !). Ici les avis divergent et l'on note même une certaine escalade dans la sévérité. Dans un premier temps, Le Pen affirme que *« les histrions »* qui vivent aux crochets d'un *« Etat dévastateur, anonyme et cyclopéen doivent être reçus à coups de betteraves et de tomates »*. Mais peu après, il rectifie : Il faut recevoir *« les sortants »* non pas avec des tomates mais avec des Thompson ((Il s'agit d'une arme à feu portant le nom de la firme qui la fabrique...). Mais, à la péroraison, il semble avoir changé d'avis. *« On les pendra haut et court, question d'économie »* ! Evidemment, au prix où est la corde...

Poujade, pour sa part, hésite, lui, sur le choix des voies et moyens. « *Il y aura des déculottées dans les coins* »... Une fessée, ce n'est pas bien méchant. Mais Poujade gravit un degré de plus dans l'échelle des peines lorsqu'il demande qu'on « *attende les ministre avec des fourches* », allusion évidente à la guerre des Chouans. A l'étage au-dessus vient la pendaison, mais elle est, pour l'instant, réservée aux élus poujadistes qui « *ne marcheraient pas droit* ». C'est une version musclée du mandat impératif... Nous allions oublier, au chapitre des sanctions, des techniques de mort qui paraissent, à première vue, moins cruelles, mais se révèlent, à l'usage, aussi efficaces : « *Quand on pense qu'il y a, à la Chambre, des pourris de cet acabit (Inutile de préciser lesquels...!) il faut prendre la grande trique, le grand balai et nettoyer ça d'un bon coup !* Ou encore : « *Un grand coup de trique derrière les oreilles à tous ces charlatans !* » Le président de la Chambre, M. Schneiter, devra à ses hautes fonctions la faveur d'offrir sa poitrine barrée de tricolore à des armes plus nobles. « *Il faut le fusiller !* » déclare Pierre Poujade. Mais il en est parmi les « *rastaquouères* » qui mourront tout bonnement de peur, et Le Pen entend déjà « *le bruit de castagnettes que font les fesses de ces messieurs...* ».

Mais par qui remplacer les « *corrompus* » et les « *apatrides* » ? Poujade répond : « *Il voudrait mieux pour nous gouverner un bon commerçant, un bon métallo, un bon charcutier. Ils ne seraient pas polytechniciens, mais sains de corps et d'esprit* ».

Ainsi exécutés, il ne reste, aux anciens de l'X, qu'à aller se rhabiller. Il est vrai qu'avec leur bel uniforme, ce doit être un plaisir. Plus loin, Poujade revient sur l'idée de la relève nécessaire, mais avec une variante intéressante. « *Nous devrons donner à la France un gouvernement de gens qui aient des gueules de Français !* » Quelqu'un crie, du fond de la salle : « *Et où il n'y ait pas de Juifs* » Poujade le rassure : « *Cela dépend de vous !* »

On comprendra que le style nouveau ainsi donné au débat politique ait pu inquiéter l'establishment...

Ce fut, par exemple, une bien rude épreuve, pour les préfets alors en place, que d'avoir à subir le feu roulant des interrogations angoissées de leur ministre, tout au long de la nuit du 2 janvier 1956, à mesure que parvenaient les dépêches annonçant le déferlement de la vague poujadiste, ce jour-là dans les urnes, demain sur les bancs du Palais-Bourbon. Pauvres préfets si injustement accusés de n'avoir pas su prévoir l'événement et par suite, de n'avoir rien fait pour l'empêcher ! S'ils n'avaient pas été tenus à une déférente obséquiosité envers leur patron, si leur intérêt évident n'avait pas été de le ménager, ils auraient décroché leur téléphone et envoyé faire foutre la place Beauvau. N'est-ce pas la tâche du gouvernement lui-même, grâce aux moyens d'investigation dont il dispose, que de s'intéresser aux mouvements d'opinion qui se font jour dans la France profonde, aux divers courants qui agitent l'électorat et qui surgissent soudain d'on ne sait où ? Ce n'est pas avec les deux ou trois flics des Renseignements généraux, qui, le matin, laissent traîner leurs grandes oreilles autour du zinc des bistrots du Lot, du Cantal ou de la Corrèze, que les préfets de ces départements pouvaient, la veille encore, se faire une idée de l'ampleur du raz-de-marée, alors qu'il existe, à Paris, tout un appareillage destiné à recueillir et à centraliser les informations, et alors que les méthodes nouvelles utilisées dans les enquêtes d'opinion ont déjà atteint une rigueur quasi-scientifique...

Et l'autre, au bout du fil qui n'en finit pas de récriminer...

— Qu'est-ce que nous allons faire de ces zigotos ! Soixante d'un coup, ça va être du propre ! Les consignes qu'ils ont reçues de Poujade tiennent en trois mots *« mettre le bordel »*. Comme programme, c'est un peu court... Avec qui vont-ils s'allier si l'envie les prend de renverser un ministère ? Et puis qui sont-ils, d'où sortent-ils ? Nous allons avoir un drôle de cirque au Palais-Bourbon..

Et les reproches de reprendre :

— Une telle avalanche ne se produit pas sans qu'apparaissent des signes avant-coureurs... Et vous n'avez rien deviné, rien prévu...

Et le « vous non plus » qui s'imposait pour clore le débat est sans doute resté à l'état d'intention.

D'ordinaire, les grands mouvements d'opinion prennent naissance dans la capitale et rayonnent vers la province. Le poujadisme suit le chemin inverse. Or, c'est un tel mouvement qui, dans un premier temps, limite son aire géographique aux terres limitrophes de celles où réside son fondateur, pour essaimer ensuite dans une douzaine de départements du Centre et du Midi, et qui, après seulement deux ans d'existence, envoie 52 députés au Palais Bourbon et, avec 2 483 813 voix, entraîne 9 % des électeurs français aux législatives du 2 janvier 1956 ! Même si l'on fait intervenir le « magnétisme personnel » de Pierre Poujade, « l'aptitude à séduire et à convaincre » dont le crédite son biographe Stanley Hoffman, on doit admettre qu'un tel succès à des racines plus profondes, on doit surtout se demander si les thèmes d'agitation que charriait, mêlés à l'injure grossière et à l'anathème ordurier, l'impétueux torrent de l'éloquence poujadiste, ne répondait pas à certaines aspirations vagues, à des réactions élémentaires et, en définitive, à un état d'esprit, une attitude face à la politique qui serait une constante de l'univers mental des Français dits « moyens ». Si, un quart de siècle plus tard, alors que Poujade a « décroché » et a même « viré à gauche », un certain poujadisme subsiste, à l'état de survivance et s'il définit exactement la mentalité de nombre de nos compatriotes, il faut croire que le phénomène n'était ni superficiel, ni conjoncturel... Nous n'avons certes pas lieu d'en être fiers, surtout si nous nous penchons sur le catalogue des « arguments » auxquels la propagande poujadiste a dû ses fulgurants succès. Le poujadisme des années 50 volait bas et c'était peut-être son secret. Voler bas, c'était peut-être le moyen d'aller à la rencontre d'un pays dont les préoccupations ne volaient pas très haut.

Promettre
et
tenir

Lorsqu'à la veille des élections de 1956 Poujade décide de présenter des candidats, il ne va pas perdre son temps à fignoler un programme. Ce n'est pas qu'il en eût été incapable. N'importe qui peut aligner, sur une feuille, format 21 × 27, un ensemble de mesures qui aillent au-devant des vœux du plus grand nombre. C'est encore plus facile lorsqu'on renonce à se poser trois questions essentielles :

1° Ces mesures sont-elles concrètement applicables ? S'est-on demandé, avant de les adopter et de les proposer au pays, si elles ne relevaient pas de l'utopie ?

2° Combien coûtera leur application et où ira-t-on chercher l'argent pour les financer ?...

3° Comment réussira-t-on à harmoniser ces mesures lorsqu'elles répondent à des revendications divergentes, difficilement conciliables, ainsi lorsqu'on promet à la fois la diminution du prix du pain et l'augmentation du prix payé au paysan pour son blé ?

On imagine bien que Poujade n'allait pas se laisser arrêter par ces vétilles. Ces trois questions étaient essentielles dans la perspective d'une victoire qui l'eût porté triomphalement au pouvoir. Elles étaient sans intérêt dans la mesure où son ambition se bornait à brouiller les cartes et à développer l'agitation dans la rue pour donner plus de poids aux revendications des milieux socio-économiques sur lesquels il s'appuyait et au nom desquels il prétendait parler. Or, pour cela, un mot d'ordre suffisait, un mot d'ordre simple, percutant, qui pût séduire les esprits les plus frustes, et offrir un exutoire à des mécontentements divers, parfois contradictoires, mais qui, associés en une démarche unique ou coordonnée, pourraient « faire sauter la baraque » Et allait-on se soucier de ce qu'il faudrait construire à la place? Un mot d'ordre simple avons-nous dit, et, compte tenu du but à atteindre, il révélait, chez celui ou ceux qui l'avaient conçu, une sorte de génie... Un mot d'ordre percutant : *« Sortez les sortants ! »*

Trois mots qui voulaient tout dire et permettaient de draguer les mécontents, quelles que fussent les raisons de leur grogne. On leur désignait, en effet, les responsables de leurs difficultés, et on leur indiquait en outre le moyen de les punir. Que pouvaient-ils demander de plus? La formule avait l'avantage de rester dans le vague. En parlant des *« sortants »* en général, on évitait d'avoir à faire le détail, de préciser les responsabilités particulières de tel ou tel, de fixer des échelons dans le barème de l'opprobre. Tous dans le même sac et le sac à la Seine! D'autre part, cette assonance qui associait habilement l'impératif et le participe présent devenu substantif, trouvait, dans sa concision même, une force inattendue. Et cette concision clouait par avance le bec à ceux, plus exigeants ou plus curieux, qui auraient souhaité savoir quel *« rentrants »* allaient remplacer les *« sortants »* sortis, et quel programme ils appliqueraient.

Mais pouvait-on tout dire en trois mots? Un mécontentement réel allait pourtant s'en contenter et y trouver un apaisement momentané. Et les vagues de la colère poujadiste de 1956 iront se perdre, deux ans plus tard, dans le déferlement du raz de marée venu d'Alger.

Ce rappel historique n'aurait qu'un intérêt mineur s'il ne nous aidait à déceler des traces de poujadisme dans le comportement actuel des forces politiques, la survivance d'un état d'esprit dans les mouvements profonds qui agiteront la France des années 80. Ainsi pourra s'établir un catalogue, qui se voudrait exhaustif, des survivances les plus tenaces...

Mais nous, à gauche, sommes-nous, avons-nous toujours été préservés de la contagion ? N'avons-nous pas cédé à la tentation dangereuse de la facilité, aux séductions de l'irresponsabilité dans l'exploitation des mécontentements, à un goût prononcé pour le slogan vigoureux ? N'avons-nous pas longtemps cru, ou semblé croire, qu'un cri poussé à la cantonade, boulevard Beaumarchais, pouvait tenir lieu d'action efficace, comme si un défilé martial, un article où le vitriol eût donné à l'encre une vigueur irrésistible, suffisaient à renverser les obstacles et allaient apporter, sur un plateau d'argent, la solution miracle. Par malheur, la puissance du cri dispensait le crieur de s'interroger sur ce qui est possible et ce qui ne l'est pas, et encourageait une fâcheuse propension à accorder, dans le budget de l'Etat, plus d'intérêt aux dépenses qu'aux recettes.

Oui, il y avait quelques relents de poujadisme dans les programmes respectifs des deux grands partis de gauche, dans le programme commun de 1971, dans les cent une ou cent cinquante propositions de leurs deux candidats aux présidentielles. Cela tenait au fait que la gauche française, reléguée depuis des années et des années dans une opposition sans espoir, et qui, par vocation naturelle, aurait plutôt tendance à combattre qu'à gérer, avait eu quelques difficultés à changer de casquette. L'agitateur qui va devenir, du jour au lendemain, homme d'Etat, doit procéder à une révision, de fond en comble, de ses mécanismes de pensée. Aussi est-il presque obligatoire qu'un programme élaboré alors que la gauche rongeait son frein dans un ghetto, ait eu l'allure d'un programme d'agitation plus que d'un programme de gouvernement. Est-elle condamnable si, fatiguée de tourner sans fin autour de sa cage, elle avait, pour en sortir, quelque peu surchargé la charrette où seraient véhiculées les promesses à faire aux électeurs ? « Séduire » ne veut pas toujours dire « tromper ». Cet électeur, on voudrait tant qu'il soit heureux !

On est bien pardonnable si, dès maintenant, on s'efforce de le satisfaire. Une promesse alléchante, c'est déjà un petit bonheur qu'on lui procure... Ici intervient une certaine surenchère dans le bon vouloir, une émulation dans la générosité, même entre formations appelées à gouverner ensemble mais désireuses de conserver leur identité. La bataille menée, pendant l'actualisation du programme commun, à propos du nombre des « filiales » à nationaliser, nous paraît aujourd'hui étrangère à toute réalité, mais on peut admettre qu'elle répondait au désir de bien faire, en tout cas de faire mieux que le concurrent. Dans cette émulation, les réalistes en arrivent à perdre pied, à se laisser happer par l'engrenage de la générosité, à oublier qu'un jour il faudra tenir les promesses les plus téméraires.

Le tout est d'être convaincu que ce jour viendra, que ce jour est proche... Or, il semble bien que les dirigeants de la gauche aient, jusqu'au dernier moment, douté de leur victoire. Ils avaient d'ailleurs quelques excuses : une longue habitude de l'échec avait pu leur laisser croire que tel serait éternellement leur lot. Leurs électeurs, marqués par une série de déceptions étalées sur près d'un quart de siècle, ne croyaient pas non plus à un soudain miracle. Qu'on se souvienne du 10 mai, de cette attente fébrile, en fin d'après-midi, de l'inquiétude entretenue par le pourcentage, exceptionnellement élevé, de la participation au scrutin. (Dans quel sens allaient voter les abstentionnistes des élections précédentes, décidés, cette fois, à accomplir leur devoir civique ?) La gueule ravagée d'un El Khabach, apparue à 19 h 50, avait redonné espoir, mais elle pouvait provenir d'une indigestion de petits fours. Le « peuple de gauche », tant de fois échaudé, a balancé jusqu'au dernier moment, et, lorsqu'à huit heures, grâce à un de ces mystères de l'électronique qui laissent pantois les profanes, un ensemble de points noirs et blancs devait dessiner, sur le petit écran, le visage de l'heureux élu en commençant par le haut du crâne, une même calvitie laissa persister l'incertitude jusqu'à l'apparition des sourcils et des yeux. Mais même alors, il furent nombreux, les gens de gauche, à refuser de croire à ce qu'ils souhaitaient depuis si longtemps, et une méfiance née de tant de déceptions anciennes les retint quelques instants de laisser éclater leur joie.

Bref, la gauche en général, parce qu'elle n'osait pas espérer le succès (et une fraction de la gauche parce qu'elle ne le souhaitait qu'à demi ou moins encore) n'écouta que d'une oreille distraite ou agacée les Cassandre qui l'incitaient à la prudence.

— Chance ou risque, selon le point de vue, nous pouvons gagner. Mais notre programme a été mis sur pied dans la seule perspective d'attirer l'électeur. Peut-il devenir, du jour au lendemain, un outil de travail pour un gouvernement ? En tant que programme électoral, il pouvait, à la rigueur, conserver sans danger l'allure d'un catalogue. Mais le moment viendra très vite d'établir le calendrier des priorités et d'affiner les ajustements entre les mesures proposées et les possibilités financières. Y sommes-nous prêts ? D'autre part, chacune de ces mesures réclame la constitution de volumineux dossiers. Nos spécialistes ont travaillé, aidés par des fonctionnaires sympathisants. Mais, dans l'opposition, et depuis si longtemps, dispose-t-on des éléments d'information ou des précisions chiffrées sans lesquels on risque de tâtonner dans les généralités abstraites ? Ne dispersons pas nos efforts. Limitons nos ambitions à quelques projets convenablement étudiés, tout en nous gardant des promesses que nous aurions du mal à tenir. »

Cassandre ne fut pas toujours écoutée. Mais qu'on nous entende bien : ceux qui se riaient de ses craintes et de ses conseils ne cédaient pas à la démagogie. Celle-ci implique la volonté de tromper sciemment l'électeur grâce à des promesses que l'on oublierait dès le lendemain du scrutin. Ici rien de semblable, mais une sorte de gentillesse dans le fait d'allonger la liste des cadeaux. N'est-ce pas déjà faire plaisir aux gens ? Si lourd est le poids des mots dans la controverse politique, qu'ajouter un paragraphe à un programme, c'est un premier pas vers la réforme d'une société injuste. Il sera toujours assez tôt pour songer à la financer.

En définitive, avec une totale bonne foi, avec les intentions les meilleures et une émouvante volonté de bien faire, la gauche victime de son bon cœur en vient à adopter, face à son électorat, un comportement qui répond à la définition du poujadisme — vu de l'extérieur, évidemment. Mais comme il est facile de glisser insensiblement des promesses inconsidérées à l'irresponsabilité ! Bien des difficultés qu'a rencontrées la gauche, quand a pris fin « l'état de grâce » des premiers mois, sont venues de ses imprudences. Refuser d'admettre la réalité d'une crise mondiale, les conséquences des divers chocs pétroliers, c'était la politique de l'autruche, c'était refuser de voir que la crise et le prix du pétrole risquaient de briser l'élan réformateur et de compromettre la réalisation des projets les plus généreux.

Cette parenthèse fermée, partons explorer la France profonde...

Le poujadisme
des élites :
une fronde
rotative

Comme de juste, va figurer, en tête de notre inventaire, un poujadisme des « élites », ô combien virulent depuis peu. Nous avons assisté à sa première flambée dès la fin de « l'état de grâce », quand la droite s'est ressaisie après le coup qui l'avait frappée et quand elle s'est employée à attiser les mécontentements dans des couches sociales où l'on n'a pas pour habitude de descendre dans la rue. Eh oui, « des élites » encore que le mot ne convienne pas à tout coup. Nous préférerions le réserver à la culture, à la vertu, et ne l'utiliser, en tout cas, qu'avec parcimonie. Le risque est si grand de le dévaluer...

Il faut bien cependant, d'une manière ou d'une autre, désigner des gens qui tiennent le haut du pavé, qu'ils doivent· leur prépondérance à leurs mérites personnels, à leurs relations ou qu'ils aient reçu en héritage les conditions de leur réussite. La plupart n'ont pas volé la situation qu'ils occupent. Ils ont dû, pour y parvenir, faire preuve d'intelligence, de ténacité, et nombre d'entre eux n'ont accédé aux privilèges qu'après de longues études. Même si, par la force des choses, la concurrence ou les rivalités de carrière suscitent parmi eux de sérieux antagonismes, la conscience d'appartenir à un même milieu, de partager les mêmes goûts, les mêmes loisirs et, en province les mêmes amis, d'avoir à défendre enfin des intérêts communs, en viennent à créer entre eux des liens si solides que l'on parlerait volontiers à leur propos d'un esprit de caste. Mais, si une « caste » renforce la solidarité entre ses membres, elle a tendance à se refermer sur soi, à se barricader dans une forteresse pour laisser moins de prise à l'ennemi extérieur. Or, un jour vient, où l'ennemi extérieur, c'est l'Etat qui, soucieux de mettre fin à de choquantes inégalités, prétend mettre le nez dans les affaires de l'élite. Alors rien ne va plus, un vent de fronde se lève sur les études de notaires, les cabinets médicaux, les chaires magistrales et, au bas de l'échelle, chez les directeurs d'agences de voyages ou d'auto-écoles, enfin chez les transporteurs routiers. Ces derniers, sans doute enfiévrés par l'exemple de leurs congénères chiliens, ont assez vite compris que, pour intervenir efficacement dans le jeu politique, ou se faire entendre des pouvoirs publics, un bahut de trente cinq tonnes pèse plus lourd qu'un modeste bulletin de vote.

A propos ! Nous allions oublier, en queue de liste puis- qu'ils furent les derniers à manifester — et avec quel éclat — les défenseurs de l'école privée. Les politiciens qui mani- pulaient la foule innombrable des manifestants se révélèrent plus cléricaux encore que la hiérarchie catholique, et arbo- rèrent l'écharpe tricolore afin que nul n'ignore qui menait le jeu. Autour d'eux, toutes motivations mêlées, ceux qui croyaient vraiment à une menace contre la liberté, la religion et Dieu lui-même — ceux qui comptaient sur les bons pères pour rendre plus docile, plus respectueuse de l'institution familiale, une jeunesse turbulente — ceux qui souhaitaient la survivance d'une autre école pour accueillir les cancres rejetés par l'enseignement public — ceux enfin qui avaient vu là une occasion de régler leurs comptes avec le « socialisme ». La plus large avenue du monde, celle qui conduit au Pavé du roi, relayée depuis par la Bastille, prison royale abattue, suffisait à peine pour contenir tant de raisons conjuguées. Mais, bientôt, les producteurs de lait, relayant les éleveurs de porcs, allaient succéder aux champions de la liberté d'enseigner au créneau de la contestation.

Voici donc venue l'heure du corporatisme triomphant et des lobbies catégoriels, et l'on entend à nouveau fredonner un air célèbre :

> Et vous monsieur le notaire,
> Qui n'avez plus rien à faire,
> Quittez vite avant ce soir
> Vos manchettes, vos lunettes
> Et votre bel habit noir, et votre bel habit noir...

Mais si le notaire de Draguignan, de la Roche-sur-Yon ou de Bar-le-Duc a quitté manchettes et habit noir, s'il a peut-être, pour la première fois de sa vie, enfilé un blue jean et chaussé des baskets, le tout acheté en tout hâte, c'est pour sauter tout guilleret dans le premier avion pour Paris. Ainsi attifé et chaussé, il se sentira plus léger lorsqu'il arpentera, en poussant des cris, les grandes artères de la capitale, mêlé au cortège des professions libérales. Il ne nous est pas donné d'assister tous les jours au défoulement des notables en li-berté. Eh bien, le défoulement des notables, étalé sur des kilomètres, le long de la Seine, du Trocadéro aux alentours du ministère des Finances, rappelait, à s'y méprendre, le défoule-ment des « prolétaires ». le long d'itinéraires moins typique-ment bourgeois, encore qu'on ne défende pas avec les mêmes mots le « standing » ou le « niveau de vie ».

Mais ici, c'est la respectabilité, dont ailleurs on se soucie moins, qui en prenait un sacré coup...

Un autre défilé des élites, cette fois sur la rive gauche, et qui avait choisi le Palais Bourbon comme point d'arrivée, devait offrir aux badauds un spectacle plus coloré grâce à d'éminents professeurs d'université qui, pour la circonstance, avaient extrait toge et toque de la naphtaline pour les prome-ner dans la fumée des grenades lacrymogènes. Blessés dans leur dignité mandarinale par un projet de réforme de l'ensei-gnement supérieur, ils avaient pensé que les parements, rouges ou jaunes de leur livrée raffermiraient leur prestige ébranlé. Pouvaient-ils prévoir que la toge entraverait leur course si, d'aventure (et ce fut le cas) ils devaient fuir comme des lapins devant la ruée des C.R.S., en un galop plus fatal encore à leur prestige que la réforme Savary ?

C'est donc entendu : les bourgeois et assimilés adoptent, pour se défendre, le style des ouvriers. Croiraient-ils soudain à l'efficacité des cortèges ? Il y a cependant quelque chose qui choque dans leur comportement nouveau. On pouvait les aimer ou ne pas les aimer. A les fréquenter assidûment, il était possible d'y découvrir des gens d'un commerce agréable ou enrichissant, de s'y faire même des amis, mais, dans le même temps, mesurer, chez d'autres, la profondeur d'un égoïsme rapace, d'une vanité puérile, le tout agrémenté d'un goût frivole pour les futilités. Mais enfin ils existaient ; ils occupaient le dessus du panier ; ils étaient, dans notre société, un facteur de stabilité. Ils paraissaient, en raison même de leur position élevée, devoir rester les mainteneurs naturels de traditions qui n'étaient pas toutes détestables, attachés qu'ils semblaient être à certaines valeurs, respectueux de ce vernis de politesse et d'urbanité qui était la marque d'une certaine civilisation. Ainsi donc ce n'était qu'un vernis ? Si l'on contestait les privilèges et les prérogatives qui faisaient d'eux les maîtres du jeu dans le pays, et si, dans la bataille politique de tous les jours, on les traitait en adversaires, on aurait voulu cependant pouvoir leur garder une certaine estime et, pour cela, qu'ils continuent de la mériter. Peut-on les respecter encore s'ils ont perdu le respect d'eux-mêmes en se livrant à une gymnastique de type poujadiste, étrangère à leurs traditions et à l'image que jusqu'ici ils cherchaient à donner d'eux-mêmes ?

Les journalistes qui, par déformation professionnelle, se font les observateurs attentifs des visages, et qui, mêlés à la foule des notables « montés à Paris », ont essayé de lire dans leurs regards, ont cru y déceler un curieux mélange de fureur et de résignation, de combativité et de désespérance, de résolution virile et d'abattement, comme si ces hommes et ces femmes étaient là par devoir et satisfaits d'y être, mais, en même temps, avaient conscience de livrer une bataille perdue d'avance, un baroud d'honneur. Est-ce le chant du cygne pour une élite provinciale qui sent, confusément, qu'une ère est révolue et qu'une autre commence, moins drôle assurément, mais à laquelle il faudra s'adapter? A-t-elle cessé de croire en elle-même, à sa mission et à son avenir, seulement préoccupée de sauver les meubles et de se protéger contre le fisc? Jusqu'où peut aller sa volonté de combattre?

Lorsqu'une coalition de gauche est au pouvoir et lorsque les notables, corporation par corporation, se mettent en mouvement, les uns après les autres, et expriment leur colère sous des formes qui ne leur sont pas coutumières, la tentation est grande de mettre en doute la spontanéité de leur révolte. Leur colère est un fait, motivée, à l'origine, par la menace réelle ou imaginaire, de projets de réforme susceptibles, à leurs yeux, de porter atteinte à leur situation matérielle ou à leur prestige. Mais lorsque cette agitation semble obéir aux mêmes règles qu'un orchestre, dont on voit, successivement, intervenir les divers instruments quand une baguette leur en donne l'ordre, il est naturel que le regard cherche cette baguette, jusque-là invisible mais si efficace. Ce chef d'orchestre clandestin, s'il existe, n'a évidemment pas créé les mécontentements catégoriels, mais il se charge de les coordonner et de les exploiter. En même temps qu'il leur assure ainsi une plus grande résonance dans l'opinion, il les intègre à une stratégie politique. S'agit-il, entre le chef d'orchestre et les corporations en colère, d'une liaison organique et permanente ou d'une rencontre fortuite, facilitée par une communauté d'intérêts? Cela importe peu dès l'instant où ils se rejoignent, le premier cherchant à déstabiliser l'Etat, les autres désireuses d'écarter la menace venant dudit Etat. Peu importe également que le chef d'orchestre s'appelle Chirac, Barre, Giscard ou encore tel ou tel de leurs lieutenants, chargé par eux de prendre les contacts utiles. On sait seulement que les trois, mais chacun pour soi, se voudraient les bénéficiaires de l'agitation. Elle est trop précieuse pour l'accomplissement de leurs desseins personnels, cette masse de manœuvre qui s'est ainsi constituée et qui ne demande qu'à entrer dans leur jeu, d'autant que du mê-me coup, elle jouerait le sien. Mais c'est Poujade qui, au milieu de ses topinambours, doit bien s'amuser de voir mar-cher sur ses traces ces notables, jadis si méprisants pour le papetier de Saint-Céré et qui, maintenant, empruntent ses méthodes.

L'esprit
« parisien »
ou le poujadisme
de la chansonnette

N'est-ce pas le signe annonciateur d'une décadence, pour une démocratie, que de perdre le respect d'elle-même? Que de tolérer que soient tournées en dérision les valeurs morales et les institutions sur lesquelles elle repose? Aurait-on dû accepter qu'avec son ruban tricolore noué autour du gland, M. Coluche vînt ridiculiser la fonction présidentielle? Qu'un Balavoine vînt déclarer sur les ondes nationales : « J'emmerde les Anciens Combattants! » Mais aussi quelle inconséquence d'ériger en donneurs de leçons, en maîtres à penser, chargés de délivrer des messages et rendre des oracles, une escouade de cabots ou de galopins tout juste capables de pousser la chansonnette!

Oui, la décadence apparaît dès qu'il est permis de rire de tout! Dès que s'effondrent les remparts qui protégeaient certains sujets tabous!... Autant l'irrespect reste salutaire pour ramener à l'échelle humaine ceux qui auraient tendance à jouer les surhommes, à se prendre pour Jeanne d'Arc ou, comme dans les asiles psychiatriques, pour Napoléon, — ceux qui n'ont, pour la valetaille de leurs contemporains, qu'un mépris offensant, et qu'il convient, dès lors, de déculotter en public— ceux qui se prétendent les envoyés de la Providence et qui s'inventent une légitimité surnaturelle — autant ce même irrespect est insupportable lorsqu'il bafoue les valeurs respectables, lorsqu'il conchie le Pouvoir en tant que tel ou, dans le cas ci-dessus évoqué, jette l'opprobre sur de pauvres bougres qui ont fait leur devoir dignement, discrètement, et sans en tirer profit...

Quotidiennement, et sous sa forme la plus insidieuse, le poujadisme — un poujadisme à fort relent de décadence — refait surface dans les « cabarets » où les chansonniers brocardent à l'envi le monde politique. En apparence, ces messieurs lancent leurs flèches en tous sens, et ce serait, à les entendre, leur manière de pratiquer, sinon l'apolitisme, du moins une équitable neutralité. Mais, si l'on y regarde de près, on distingue une nette orientation à droite dans le dosage et l'inspiration, un anti-parlementarisme systématique et révélateur de cette tendance, typiquement poujadiste, de mettre tout le monde dans le même sac. Ils réussissent même cet exploit, lorsqu'un homme de gauche s'est fourvoyé dans une tournée de provinciaux en goguette, de le faire rire à gorge déployée à propos d'idées qui lui sont chères ou de dirigeants qu'il vénère. Mais, d'eux, l'on doit tout accepter, et il serait mal vu de protester contre telle ou telle de leurs impertinences. Ce serait une offense à « l'esprit parisien », voyons ! Cet « esprit parisien », la télévision le véhicule d'ailleurs jusque dans nos vertes campagnes et si, rompant avec un libéralisme qui frise le masochisme, le pouvoir actuel se fâchait soudain d'être devenu la cible préférée de « l'esprit parisien », que ne dirait-on pas ?

A vrai dire, cette sorte d'opposition malsaine et hypocrite ne devrait pas avoir sa place dans un régime rationnellement organisé. La politique est une affaire sérieuse. D'elle, dépend la vie quotidienne d'un pays, son avenir, et si elle ne peut pas toujours faire le bonheur des hommes, elle peut faire beaucoup pour leur éviter les plus grands malheurs. On ne voit vraiment pas la nécessité de laisser quelques irresponsables tourner le pouvoir en dérision et prendre tel ou tel leader politique pour tête de turc. Un certain nombre d'intellectuels, « parisiens » eux aussi, par goût de la dérision précisément, ont cru devoir accorder leur patronage à un Coluche, lorsque celui-ci se proposait de conduire jusque sur les tapis de l'Elysée le tombereau d'ordures où il cherche la matière de ses plaisanteries. Nous aurions préféré que ce Coluche fût envoyé à la Santé, pour un délit qui ne figure peut-être pas expressément dans le code pénal, mais qui pourrait s'intituler: offense au suffrage universel.

Mais que n'entendrait-il pas, le gouvernement qui prétendrait couper les ailes à ce fameux « esprit parisien » ? On imagine, par avance, le chapelet de sarcasmes et d'invectives...

— Vous êtes de sinistres pisse-froid. Vous voulez nous empêcher de rigoler un bon coup à vos dépens, mais, en montant sur le pavois, vous aviez accepté ce risque. Interdiriez-vous aux chansonniers ce que la monarchie tolérait de son Triboulet ? Le fou du roi n'avait-il pas le droit de tout dire à son maître, de lui envoyer dans les gencives ses quatre vérités — des vérités utiles, que le détenteur du pouvoir suprême n'aurait jamais entendues de la bouche de ses conseillers ? Les chansonniers d'aujourd'hui, comme les Triboulet de jadis, se font, à leur manière, les interprètes de la sagesse profonde d'un pays. Ils apprennent aux hommes du pouvoir à ne pas se prendre trop au sérieux et à retrouver la bonne route s'ils s'en étaient écartés.

Et puis quoi ? Le rire, le bon vieux rire gaulois serait-il devenu un délit ? Voulez-vous faire de ce pays une termitière sans joie, où, après le métro et le boulot, le citoyen discipliné irait sagement au dodo et lirait obligatoirement, avant de s'endormir (ou pour mieux s'endormir) trois pages bien tassées de « Matérialisme et empiriocriticisme » ? Et pour ce rire, démystifiant et décapant, y aurait-il des sujet tabous ? D'ailleurs n'êtes-vous pas, en définitive, les bénéficiaires de ces piques pas trop méchantes, qui égratignent plus qu'elles ne transpercent, et qui offrent à vos adversaires, en applaudissant aux banderilles que l'humour plante dans votre cuir, sans grand danger pour vous, l'occasion de se défouler ? Préféreriez-vous qu'ils cherchent le défoulement en descendant sur le pavé ? Et puis, ces chansonniers, ne vous servent-ils pas en détournant sur le percepteur la colère du contribuable et en protégeant ainsi son ministre ?»

Il y a du vrai dans ce plaidoyer pour les amuseurs publics, mais il demeure qu'on n'a pas le droit de rire de tout, de tout dénigrer et, en fin de compte, de tout salir. Ce pays est bien malade s'il ne parvient pas à restaurer les valeurs et les principes sur lesquels se fonde l'esprit civique. Le persiflage systématique ne nous semble pas la thérapeutique la plus efficace. Mais, ce qui nous semble plus inacceptable encore, c'est cette conception singulière de l'équilibre constitutionnel selon laquelle les humoristes professionnels joueraient le rôle d'un contre-pouvoir, destiné à tempérer la tendance naturelle à l'absolutisme que l'on rencontre chez tout détenteur de l'autorité. Ainsi, nous assure-t-on, le citoyen aurait tout à gagner au face à face du pouvoir et de son contraire. Est-il besoin de dire que nous ne sommes pas convaincus ? D'abord parce qu'il est déraisonnable de mettre sur le même plan des gens qui travaillent sur des registres différents. Le rire est un droit. Les gens ont besoin de s'amuser, de se distraire, pour échapper à la monotonie des jours et aux tristesses du siècle, et nous n'avons pas le goût de jouer les rabat-joie. Mais amuser et gouverner répondent à des finalités différentes et procèdent de mobiles qui ne peuvent que s'avérer contradictoires. Certes, dans une société démocratique (et dans les autres aussi) un contre-pouvoir répond à une absolue nécessité. Mais, pas plus que Triboulet, les chansonniers d'aujourd'hui ne sont aptes à un tel rôle. Le contre-pouvoir ne peut s'exercer à travers les calembredaines de commis-voyageurs, les plaisanteries de garçon de bain, la mise en boîte du pouvoir par «l'esprit parisien». Le contre-pouvoir doit être aussi un pouvoir. Nous concevons d'une toute autre manière leur nécessaire équilibre, ainsi dans le dialogue quotidien de l'Exécutif et du Parlement. Sur un autre plan, la mise en question du pouvoir, aussi nécessaire, pourrait recourir au journalisme de réflexion, à l'analyse historique ou à l'essai doctrinal, celui-ci prendrait-il, au besoin, le style du pamphlet. Mais jamais nous n'accepterions de laisser les affaires sérieuses à la discrétion des saltimbanques.

Un
poujadisme
ouvrier

Ici l'on va s'avancer à pas prudents, comme si l'on côtoyait l'abîme. Mais ce serait manquer de courage que de renoncer, sous prétexte que le risque serait grand de glisser dans le sacrilège. Tant pis si, à bout de course, nous sommes amenés à répondre « oui » à la question qui vient tout naturellement aux lèvres : « N'y aurait-il pas aussi un poujadisme ouvrier ? »

Une question qui, à la réflexion, n'a rien d'offensant... La classe ouvrière n'a jamais demandé à quiconque de l'idéaliser. Ce sont les penseurs de la gauche, et pour des raisons nobles, ce sont les généreux idéalistes de 1848, ce sont les gentils révoltés de mai 68 qui l'ont figée dans la légende. Sans lui demander son avis, ils ont décrété qu'éternellement l'ouvrier français serait la copie conforme de l'image qu'en a laissée Delacroix quand il le hissa sur la barricade aux côtés de l'étudiant barbu et de la Marianne aux seins nus. La notion de sacrilège devrait donc rester en dehors du débat. En tout cas, ce n'est pas l'ouvrier qui cherchera à l'y introduire. A la longue, il s'irriterait plutôt de la sollicitude, pas toujours désintéressée, de ces révolutionnaires de salon qui le parent de toutes les vertus, qui lui prêtent des intentions qu'il n'a pas, qui voient en lui « le moteur de l'histoire » et le chargent, par délégation expresse, de faire entrer dans la réalité les rêves fumeux de leurs fécondes insomnies. On se souvient du jour où Jean-Paul Sartre, juché sur un tonneau devant les grilles de la Régie Renault occupée, s'apprêtait à lancer par mégaphone un message au prolétariat, aux portes de sa plus prestigieuse forteresse, et où sa harangue se perdit dans un désert d'indifférence narquoise.

La classe ouvrière en tant que telle a peut-être un rôle historique à jouer, du moins le lui affirme-t-on, mais l'ouvrier en tant qu'individu est en droit de voir les choses autrement. Ce « rôle historique » exigerait qu'il s'incruste dans la condition ouvrière, sans chercher jamais à s'en évader. Mais si, trouvant sa besogne pénible et fastidieuse, il voulait ouvrir un petit commerce ou entrer dans une administration, l'accuserait-on de trahir sa classe ? Ce « rôle historique » serait-il une prison où voudraient le garder enfermé, sa vie entière, des gens qui n'ont jamais touché à un marteau ? Il n'y a donc aucune indécence, aucun blasphème, à parler de l'ouvrier sans en faire un personnage de vitrail, dans une Bourse du Travail décorée par Fernand Léger.

Serait-il incongru ou offensant d'écrire qu'un ouvrier peut être poujadiste, alors que, dans sa majorité, la classe ouvrière — ce qui ne valait pas mieux — devint gaulliste en 1958 — et alors que, d'après les études les plus sérieuses, il y eut, au premier tour des présidentielles de 1981, plus d'ouvriers à voter « Giscard » qu'à voter Marchais ? Aurait-on oublié que les usines ne bougèrent pas pour barrer la route au général, alors que, même s'il devait les trahir par la suite, il avait partie liée avec les émeutiers d'Alger ? Aurait-on oublié que, lors du référendum de 58, qui légitima le coup de force, un million et demi d'électeurs communistes, en majorité ouvriers, filèrent chez de Gaulle ? Aurait-on oublié cette sorte de familiarité équivoque et malsaine qui s'instaura entre les ouvriers, même cégétistes, et les dirigeants de la Ve ? Ces cris de « Charlot ! des sous ! » qui s'élevaient des cortèges syndi-

61

caux de la Bastille à la République, cette chansonnette stupide, sur l'air du « Petit navire », *Ohé, ohé Pompidou !... Pompidou navigue sur nos sous !* » était-ce un style « lutte des classes » ou le signe d'une complicité ambiguë, laquelle répondait bien docilement au paternalisme affiché du nouveau pouvoir ? Et, à un poujadisme ouvrier, apparu dans le comportement individuel, et qui, devant l'aggravation du chômage, donne le pas au devenir personnel sur le destin collectif du prolétariat, vient se surajouter un poujadisme syndical, dans la mesure où les dirigeants confédéraux, pour des raisons de surenchère, se bornent à cultiver les mécontentements sans oser concevoir ou proposer un projet d'ensemble de réformes applicables à une société malade. Ils ont d'ailleurs — et, avec eux, les équipes gouvernementales au pouvoir depuis mai 1981 — de bonnes excuses. Ce n'est pas un sort enviable que d'exercer des responsabilités ou d'accéder aux leviers de commande, alors que l'on dispose seulement d'un arsenal idéologique constitué en vue de la révolution sociale (ou de la rupture avec le capitalisme) et alors que l'on est condamné, pour une durée indéterminée, à se présenter en mendiants devant le patronat pour le supplier d'investir et de créer des emplois. Ce décalage doctrinal entre une culture séculaire, une tradition héritée d'un long passé de luttes et, d'autre part, les exigences de la pratique quotidienne et de la gestion au jour le jour dans un monde en crise, contribuent évidemment au désarroi des esprits et justifient, dans une certaine mesure, un repli prudent sur les préoccupations personnelles et familiales de chacun.

Mais peut-on dire pour autant que l'apparition du poujadisme ouvrier est un phénomène récent, lié à la crise mondiale, déterminé par celle-ci, sans que soient intervenus d'autres facteurs théoriques, et même un certain volontarisme ? Si tant d'ouvriers sont aujourd'hui ce qu'ils sont devenus, n'a-t-on pas tout fait pour qu'ils le devinssent ?

Qu'on se replonge dans l'histoire du mouvement ouvrier et, notamment, dans les chapitres consacrés à la naissance et aux premiers pas du syndicalisme. On y verra que le syndicat était aussi une école de morale. Les premiers théoriciens, même s'ils étaient de formation anarchisante, professaient que l'ouvrier sera d'autant plus fort pour faire valoir ses droit qu'ils se montrera plus scrupuleux dans l'accomplissement de ses devoirs. Le syndicaliste était d'abord un bon ouvrier, honnête, sobre et consciencieux, et s'il pouvait se montrer instransigeant face à un patron, c'est parce que celui-ci n'avait rien à lui reprocher sur le plan du travail. Le syndicat était aussi une école de fraternité. Il est significatif que l'imagerie syndicale recoure si volontiers au symbole des deux mains qui s'étreignent. C'est, à la fois, pour célébrer l'efficacité de l'union et la joie d'être ensemble, qu'avait été choisie la devise « Tous pour un, un pour tous ! ». D'ailleurs, si le patronat s'est employé à briser cette fraternité qu'il jugeait dangereuse pour lui, s'il a imaginé tout un système anti-égalitaire destiné à éveiller les jalousies, à susciter des ambitions rivales, bref à détruire le front de classe, c'était pour mettre en marche une évolution qui, contre un syndicalisme bientôt résigné à suivre le mouvement, à se faire exclusivement biftekard, déboucherait sur un néo-poujadisme où la classe ouvrière se laisserait entraîner.

Ce poujadisme ouvrier peut conduire à des situations étrangères à toute règle de morale. Peu après la Libération, dans une capitale régionale du centre de la France, un conflit éclata entre la direction du quotidien « le plus à gauche », issu de la Résistance et animé par des communistes, et les ouvriers, communistes eux-aussi, membres de la commandite qui devait imprimer le journal. Cette commandite, conformément aux directives du Syndicat du livre, détenteur, comme chacun sait, d'un monopole de caractère corporatiste, prétendait imposer un gonflement des effectifs d'un volume tel qu'il risquait de compromettre à terme la survie du journal. Il s'instaura alors, entre les parties, un dialogue de sourds qui pouvait se résumer ainsi :
— *La direction :* C'est la première fois qu'existe dans cette région un journal favorable à la classe ouvrière et décidé à la défendre, mais, avec vos folles exigences, vous allez le couler.
— *L'équipe ouvrière :* « Ton journal on s'en fout ! S'il coule, un autre prendra sa place. Nous, ce qui nous intéresse, c'est nos

salaires et l'application des normes syndicales à l'embauche et à la gestion. Nous imprimons un journal sans nous préoccuper de ce qui est écrit dessus. Nous irons jusqu'à la grève si nous n'obtenons pas satisfaction ».

La direction dut s'incliner, comme durent s'incliner les directions de beaucoup d'autres journaux en France, dans des circonstances semblables. On ne compte plus les titres qui disparurent de ce fait et, à terme, les « victoires » remportées par le Livre, grâce à son monopole, eurent pour effet, au moment où devaient intervenir les nouvelles techniques d'impression, de démanteler la profession.

Une autre manifestation de ce syndicalisme biftekard, autant dire « de ce poujadisme ouvrier », est apparue peu après la victoire électorale de la gauche en 81. Comme il l'avait dit et répété depuis 1965, Mitterrand s'apprêtait à faire la courte échelle aux communistes et à les faire entrer au gouvernement, ce qui, du côté syndical, pouvait apparaître comme un événement heureux, sinon un événement de première grandeur. Le climat de morosité entretenu par la crise mondiale avait empêché, nous le savons, que l'on assiste aux mêmes explosions d'enthousiasme qu'en 1936, mais on voyait se dessiner des perspectives, s'ouvrir une brèche dans le mur... Or, que l'on relise les commentaires des dirigeants cégétistes sur la suite à donner à ce succès électoral : ils font tous, à peu près exclusivement, référence aux revendications à satisfaire, ce qui suppose — c'est le moins que l'on puisse dire — un singulier rétrécissement de l'horizon du syndicalisme. Certes, la lutte des classes n'était pas terminée pour autant, et l'on savait que bien des efforts seraient encore nécessaires pour donner à la victoire un contenu social. Mais ne voir dans cette victoire que le moyen de « faire aboutir » la revendication ouvrière, c'était confirmer que, désormais, le syndicalisme avait la vue basse.

La gauche au pouvoir — la gauche unie — avait été écartée des affaires depuis 34 ans. La politique imbécile imposée aux divers P.C. par le sinistre Jdanov, lors de la formation du Kominform, et qui condamnait le « crétinisme ministérialiste » de Thorez et de Togliatti, allait au-devant des vœux de la social-démocratie et des forces de droite, prêtes à se ruer dans l'allégeance à l'Amérique. Eh bien, les erreurs historiques de la gauche allaient enfin être corrigées, au terme d'une longue marche, entrecoupée de reculades décevantes. C'était l'aboutissement d'une entreprise patiente et obstinée dont Mitterrand et Waldeck-Rochet avaient été les maîtres d'œuvre. La gauche allait donc gouverner, mais gouverner pour la nation entière. Elle serait désormais garante de l'intérêt général, et celui-ci pourrait, dans certaines circonstances s'opposer aux intérêts particuliers les plus légitimes, aux « revendications » les plus justes. L'enjeu était si important, et si évidentes les chances d'une transformation en profondeur de la société française, que le nouveau pouvoir pouvait être amené à demander des sacrifices, même aux plus défavorisés. Le mot austérité n'a pas le même sens selon la couleur de ceux qui gouvernent. Mais, pour qu'on pût faire appel à la générosité des travailleurs, il aurait fallu que les chefs syndicalistes eussent éduqué leurs troupes dans le culte du civisme et non pas dans un poujadisme étroitement corporatiste.

Faut-il assimiler à ce « poujadisme » certaines formes de violence, apparues notamment en Lorraine : brûler les pneus, détruire des voies ferrées, saccager des immeubles ? Une violence dont le mouvement ouvrier s'était guéri en mettant fin à l'influence des « anars »... Et que dire de cette aberration qui consiste à vouloir « produire » sans se soucier de « commercialiser » — l'acier notamment ?

Du côté
du P.C.

Une certaine composante poujadiste, dans le comportement du parti communiste français, était directement liée à sa
situation — « la plus à gauche » — sur l'échiquier, en forme
d'hémicycle, utilisé traditionnellement pour procéder aux re-
pérages idéologiques. Le parti « le plus à gauche », celui qui
promet les transformations les plus profondes de la société et
n'hésite pas à utiliser, dans sa propagande, le mot « révolution », est assurément mieux placé, pour draîner les mécontents, pour « exploiter » les mécontentements, (et la formule
n'est pas forcément péjorative) qu'une formation conserva-
trice, attachée au maintien de l'ordre établi, même si celui-ci
n'a d'autre fondements que l'injustice, la violence et de choquantes inégalités.

Tenant compte d'un état de fait qui faisait de lui le porte-
parole des déshérités, des malheureux, de tous ceux qui
avaient quelque raison de se plaindre de leur condition, le PC
s'était installé dans « la fonction tribunicienne » et, conjointe-
ment avec le syndicat dont c'était la mission originelle, il
s'était fait l'avocat de la misère et de la souffrance, le porte-

66

parole de toutes les victimes de l'adversité. Rien ne permet de douter de la sincérité de ses efforts pour améliorer le sort des humbles, même si les résultats de tels efforts n'ont pas été toujours probants.

Mais une telle attitude, c'était celle des « tribuns du peuple » dans la république romaine, qui consiste à « défendre » une classe opprimée, implique une opposition résolue au pouvoir en place. Le mécontentement, avec ce qu'il suppose d'aigreur et d'amertume, ne saurait s'accommoder des magouilles à la Bergeron, fussent-elles plus efficaces. Le mécontentement veut crier, défiler, se battre contre la police, employer un langage où se retrouvent les échos de la colère et du combat. Mais ce combat n'a de sens que si les combattants et leur « défenseur » naturel, le P.C., trouvent en face d'eux un interlocuteur, en l'occurrence un pouvoir politique ou économique auquel s'adresseront les ultimatums, contre lequel s'exerceront les pressions nécessaires ou se déchaîneront les anathèmes vengeurs, auprès duquel seront déposés les cahiers de revendications, ce qui n'interdit nullement qu'il soit enfin également désigné comme l'ennemi à abattre.

Cette « fonction tribunicienne », qui consiste à parler au nom des « masses » et à les dresser contre le pouvoir, répondait exactement à la manière dont le P.C. concevait son rôle dans la société [1]. Un rôle qui rejoignait si parfaitement les vœux et aspirations du militant que celui-ci y trouvait une sorte de bonheur, une exaltation grâce à laquelle il se sentait « bien dans sa peau »... On lui rendra cette justice que, dans cette tâche, il déployait d'inépuisables trésors d'intelligence et de dévouement. Que ce fût à la tête de l'Amicale des vieux travailleurs exclus de la législation sociale, des locataires mal logés, des étudiants furieux devant l'augmentation du tarif des inscriptions en faculté, des femmes victimes d'une discrimination de nature sexiste dans l'établissement de leur feuille de paie, un militant communiste se trouvait toujours là pour canaliser le mécontentement, le diriger contre le gouverne-

---

[1] Entre autres raisons, est-ce pour retrouver les joies et les profits de la « fonction tribunicienne » que Marchais a décidé, le 19 juillet 84, de « retirer ses ministres », contre leur gré d'ailleurs ?

ment et sa politique, exiger une politique différente et indiquer ce qu'elle pourrait être si le P.C. arrivait au pouvoir.

Un tel comportement ne va pas sans des risques graves. Il encourage tout naturellement le dérapage vers la démagogie. C'est témoigner d'une irresponsabilité aux effets désastreux que de faire naître, dans l'esprit de gens modestes, bien souvent, désarmés intellectuellement, des espoirs insensés que suivra une déception tragique, dès l'instant où les moyens d'y répondre n'existent pas (il y faudrait des crédits illimités) ou n'existent que dans d'autres mains. Cette sorte de néo-poujadisme insoucieux du financement des mesures qu'il réclame, aboutit à une gesticulation révolutionnaire sans résultats concrets. Mais s'il est destiné à entraîner « les masses » dans la lutte, il a souvent l'effet inverse, celui de les conduire vers les méthodes plus sûres et plus rentables de la collaboration de classe et du réformisme. C'est, d'autre part, d'une folle imprudence de prétendre, devant des malheureux, que seul le mauvais vouloir de l'Etat empêche qu'il soit mis fin à leur misère, et que toutes les revendications, même les plus extravagantes, peuvent être satisfaites sur l'heure.

Car enfin, il faut examiner les choses dans la durée. Même si un parti se complaît dans l'opposition, même s'il définit sa stratégie dans la perspective d'une opposition systématique et permanente, même s'il en retire des satisfactions réelles qui l'incitent à persister dans cette voie, un jour peut venir où il accédera au pouvoir, seul ou au sein d'une coalition. Et c'est alors qu'il mesurera les effets de ses imprudences de langage, qu'il vérifiera le danger des promesses inconsidérées auxquelles l'avait conduit la tentation poujadiste. Pour le militant qui va, du jour au lendemain, troquer la défroque de l'agitateur pour le costume trois-pièces du gestionnaire, cette reconversion est une épreuve redoutable. Il découvre soudain que désormais, en totalité ou en partie, l'Etat c'est lui... que c'est vers lui que monteront désormais les cris de colère... que c'est à lui qu'on demandera des comptes si le pouvoir tarde à satisfaire les exigences dont il proclamait, la veille encore, qu'elles étaient naturelles et qu'il suffisait de le vouloir pour qu'elles devinssent réalité... Que c'est, après le court délai qui lui sera laissé pour faire ses preuves, contre lui que se liguera la conjuration des aigris, des impatients, des insatisfaits, ce qui, ajouté aux victimes d'injustices non encore réparées, risque de faire baucoup de monde...

Mais là ne s'arrêtent pas ses découvertes. La veille encore, il croyait qu'on pouvait régler un problème en scandant des cris hostiles, au cours d'un défilé, boulevard Beaumarchais ou rue du Faubourg Saint-Antoine. Il s'aperçoit soudain que la réalité humaine d'un pays, concrétisée par les dossiers qui s'accumulent sur son bureau, exigent d'autres efforts de ténacité et d'intelligence. Il ne s'agit plus pour lui d'exiger des mesures mais de les prendre, et de décider du choix des meilleures. La « fonction tribunicienne » ne l'y avait pas préparé, et, désormais, avec quelle irritation il surveillera les faits et gestes des soixante-huitards attardés qui cherchent à le « tourner sur sa gauche », à cultiver les mécontentements, à mobiliser les mécontents, à les dresser contre le pouvoir nouveau comme il avait fait lui-même avec l'ancien, en un temps où, dans l'exploitation maximale de la revendication la plus modeste, Poujade avait, comme maître à penser, pris le relais de Lénine.

Et le tribun se penche sur son passé et sur celui de ses amis. Il se souvient de la seigneuriale désinvolture avec laquelle on abordait jadis les questions financières. Réaction naturelle, assurément contre le fétichisme des monétaristes. Après tout, la monnaie, ce n'est qu'un signe. Mais, de là à élaborer des programmes dont la réalisation eût demandé trois fois plus de crédits que n'en comportait le budget de l'Etat... De là, dans un budget municipal, à voter seulement les dépenses, mais à laisser aux autres le soin de voter les recettes et d'assumer l'impopularité des impôts nouveaux... De là, comme ce fut le cas à Agen il y a quelques années, à exiger d'un adjoint communiste dans une municipalité de gauche qu'il vote contre le budget qu'il avait lui-même établi [1]...

---

[1] Le double jeu des années 83/84 (un pied dans la majorité, un pied à l'extérieur) puis la semi-rupture du 19 juillet 84 procèdent du même état d'esprit. Mais à vouloir cumuler les avantages du Pouvoir et de l'opposition, on risque de perdre sur les deux tableaux.

En fait, c'était une attitude constante que de pousser aux plus folles prodigalités, sans se soucier de faire rentrer les ressources correspondantes, et de qualifier de « monstres au cœur sec » des associés ou adversaires dont le seul crime avait été, pourtant, de juger dangereuse la méthode qui consiste à dépenser plus d'argent qu'on n'en a dans ses caisses.

Autrefois, le militant éprouvait une jouissance de haute qualité à conduire, chez un préfet ou un ministre, une délégation de mécontents en colère, à plaider leur cause, à sommer les plus hauts personnages de l'Etat de prendre en compte des desiderata formulés en termes comminatoires. Aujourd'hui, c'est lui qui reçoit la délégation, qui écoute les doléances. C'est à lui d'expliquer aux impatients et aux excités ce qui est possible et ce qui ne l'est pas, ce qui est juste et ce qui l'est moins. C'est à lui qu'il revient d'harmoniser les revendications particulières et l'intérêt général. De prendre enfin les décisions qui s'imposent, et c'est, assurément plus difficile.

A cela s'ajoute une constatation amère mais lourde de conséquences, à savoir que l'exploitation systématique du mécontentement, parfaitement légitime dans une perspective révolutionnaire, lorsqu'il s'agit de mobiliser les « masses » en vue de l'assaut final — que cette volonté de faire flèche de tout bois pour harceler l'ennemi de classe, dégénère en un vulgaire poujadisme lorsque le mot « révolution », vidé de son sens, n'évoque guère plus que l'aboutissement lointain d'un rêve insensé et le deuil de bien des illusions.

C'est moins une volonté délibérée, fondée sur une parenté idéologique, qu'une situation de fait — la présence dans les mêmes eaux et l'obligation d'y pêcher en même temps — qui a donné naissance à tout un jeu de relations ambiguës entre le poujadisme et le P.C.F.

Le poujadisme des origines se présentait comme une sorte de syndicalisme des petits commerçants et des artisans, engagé sur une voie parallèle à celle du syndicalisme ouvrier. Celui-ci, dans un premier temps, accueillit avec sympathie un mouvement où il pensait trouver des alliés et qui, au moins dans les départements du Bas-Limoussin, s'orientait nettement à gauche. Dans cette région fortement politisée et où la gauche était effectivement majoritaire, bien des esprits arrivèrent à cette conclusion que le mouvement poujadiste viendrait compléter un front de lutte où figuraient déjà les ouvriers et les paysans, mais où restait encore inoccupé un créneau réservé aux classes moyennes. Pour qui se flattait de poser les problèmes politiques et économiques en termes de stratégie, il apparaissait que Poujade ferait œuvre utile s'il réussissait à entraîner, à faire basculer, disait-on non sans quelque naïveté, les classes moyennes du côté du prolétariat. Des contacts furent pris, notamment en Corrèze et en Haute-Vienne, entre communistes et poujadistes, et Poujade lui-même participa à des pourparlers jugés prometteurs de part et d'autre. Après tout, selon le schéma marxiste, les classes moyennes n'étaient-elles pas condamnées, à plus ou moins longue échéance, à une prolétarisation qui éliminerait, notamment, le petit commerce au profit des « trusts », des « grandes surfaces » à succursales multiples, et ne laisserait plus face à face, au terme de l'évolution, que le grand capital et le prolétariat. Pour retarder cette prolétarisation, pour lutter contre « les gros » qui s'apprêtaient à les « bouffer », les petits commerçants pouvaient trouver des appuis dans la clientèle ouvrière, et il était même permis de concevoir, dès maintenant, les modalités de leur intégration à une économie socialiste. Sans doute s'agissait-il là de vues théoriques, mais une stratégie qui se veut réaliste n'est pas préservée de ce péché mignon qui consiste à prendre ses désirs pour la réalité, à élever jusqu'au ciel l'audacieuse architecture de ses rêves, sans tenir compte du poids, si lourd à soulever, des mentalités, des routines et des petits intérêts mesquins. Plus concrètement, la gauche pensait qu'elle pouvait, en attendant mieux, apporter son aide aux commerçants en lutte contre l'inquisition fiscale, mise en œuvre par les gouvernements de la troisième force.

Il est naturel que le petit commerçant fasse montre d'un conservatisme qui se confond, chez lui, avec le plus élémentaire, le plus légitime instinct de conservation. Sa boutique, c'est son instrument de travail et l'on comprend qu'il veuille le préserver, pour lui-même et pour ses enfants. C'est autour de sa boutique que s'organise sa vie familiale. Si, accablé d'impôts et de dettes, acculé à la faillite par le mauvais vouloir des banques ou la concurrence des «gros», il devait capituler, ce serait une raison suffisante pour l'inciter à mettre fin à ses jours. Sa boutique, il l'aime, il se plait à l'enjoliver, à la moderniser et il y voit un élément de son bonheur. Ce n'est pas que sa vie soit toujours facile. Il est, on l'oublie trop, au même titre qu'un ouvrier d'usine, un authentique travailleur — avec en plus, des soucis que l'autre ne soupçonne pas. L'épicier du coin qui se lève à quatre heures du matin pour aller se fournir, aux Halles, en fruits et en légumes, qui trimballe des cageots tout le jour et veille jusqu'à minuit pour faire ses comptes ou remplir la paperasse que lui réclame l'administration, est loin d'être un fainéant. Mais enfin, en règle générale, le petit ou moyen commerçant est satisfait de son mode de vie puisqu'il l'a choisi, qu'il ne cherche pas à en changer et qu'il a suivi Poujade quand celui-ci l'a incité à se battre pour le protéger.

Si le poujadisme est foncièrement conservateur, c'est donc en raison de l'attachement viscéral du boutiquier à sa boutique. Or, selon une certaine logique, le petit commerce est une absurdité, un anachronisme, un gaspillage d'efforts, de temps et d'argent. Par suite, l'on peut déceler une survivance du poujadisme dans la volonté, de quelque côté qu'elle se manifeste, de s'accrocher désespérément à une organisation du marché, à des pratiques dépassées ou condamnées par l'évolution historique. Le poujadisme des origines n'a-t-il pas opposé un refus total au changement et, selon le mot de Stantley Hoffmann, pris «la défense de tout ce qui est appelé à disparaître, serait-ce le comble de l'absurdité» en matière «économique et sociale». N'est-ce pas une hérésie que de s'arc-bouter contre tout ce qui va dans le sens du progrès?

Y aurait-il donc, entre les thèses des communistes d'aujourd'hui et celles des poujadistes d'autrefois, de surprenantes convergences. Ne semble-t-il pas que le P.C. ait repris à son compte le rejet poujadiste de tout ce qui viendrait bouleverser le statu quo, serait-ce au nom de la logique ou du simple bon sens, ainsi défendre le petit commerce, face à de gigantesques entreprises qui proposent au consommateur une plus grande variété de produits pour des prix plus bas (au moins pour l'instant) et, plus généralement, s'opposer à une réorganisation rationnelle des circuits de distribution ? Si cette prise en compte des intérêts de l'échoppe et de la boutique répondait à des préoccupations électoralistes, ne serait-ce pas, d'ailleurs, un mauvais calcul ? Emmuré dans sa tanière, obsédé par le tiroir-caisse, bousculé par la concurrence, incapable de lever les yeux au-delà de cette vitrine où défilent, à longueur de journée, les chalands qui passent mais ne s'arrêtent pas, fermé de ce fait aux grands courants de pensée qui font agir les hommes et dominent le monde, il vote plus volontiers à droite qu'à gauche, alors que ruiné et contraint de gagner sa vie comme salarié, conformément à cette loi de l'économie marxiste qui annonce son inévitable disparition, il pourrait rejoindre le prolétariat révolutionnaire et devenir un agent actif du processus historique... N'est-ce pas, de même, une stupidité que d'exiger, comme le fit jadis Poujade, comme le fait aujourd'hui le P.C., le maintien en exploitation des mines qui s'épuisent, des usines en déficit, de fermes qui ne nourrissent plus le paysan et sa famille, ou encore de réclamer la réouverture de lignes ferrées ou aériennes qui coûtent de l'argent au lieu d'en rapporter.

Alors ? Communisme, poujadisme, même combat ? En se fiant aux apparences, on serait tenté de répondre « oui », mais n'est-il pas vrai qu'une même attitude puisse répondre à des mobiles différents ?

La défense, par les communistes, de la petite exploitation rurale, du petit commerce, des canards boiteux de l'industrie, des mines aux entrailles vides, suppose-t-elle vraiment un attachement morbide au passé, et des attitudes convergentes ne pourraient-elles pas avoir les raisons divergentes ?

Les communistes nous répondraient qu'ils ne méconnaissent pas la valeur d'un certain sentimentalisme, d'une conception affective des rapports humains qui conduit nombre de Français à préférer la boutique personnalisée à l'anonymat indifférent du grand magasin, le travail bien fait de l'artisan à la production standardisée. Et ce n'est pas au moment où, par exemple, la Hongrie socialiste songe à rétablir petit commerce et artisanat — bref à réinventer les classes moyennes — que le P.C. s'emploierait à les détruire ici. Les communistes respectent, d'autre part, l'attachement du paysan à son lopin de terre et ce ne sont pas les déboires persistants de l'agriculture collectivisée dans les pays socialistes, tributaire des fermiers du Middle West américain, qui les inciteront à changer d'attitude. La guerre aux survivances anachroniques n'est pas pour demain. Pour le reste, usines et mines, à quoi bon mettre fin à une exploitation déficitaire qui a l'avantage de maintenir en état de marche l'outil de travail, en attendant des jours meilleurs, et ne coûte pas plus cher que l'entretien des milliers de chômeurs qui, autrement, seraient jetés sur le pavé ?

Cette manière de voir suppose qu'on rejette l'idée selon laquelle la misère généralisée conduirait automatiquement au communisme. N'est-ce pas au contraire du côté des économiquement faibles que le pouvoir bourgeois a trouvé, sous de Gaulle, Pompidou et Giscard, ses plus fidèles appuis ? Mais on n'en a pas fini pourtant d'enregistrer les relations, fussent-elles conflictuelles, répondraient-elles à des objectifs différents, les contaminations respectives entre le communisme et le néo-poujadisme, et dont il faut chercher l'origine dans le mélange de leurs clientèles, de leur zones d'influence et de leur commune volonté de draguer chez les mécontents. Un survol de l'histoire récente nous y aidera.

On s'est longtemps interrogé sur le pourquoi de la perte d'influence du P.C., qui n'a jamais retrouvé ses pourcentages du début de la IVᵉ République et qui a connu, en 1958 puis pendant la dernière décennie, une véritable hémorragie d'électeurs et de militants, jusqu'à tomber à 11 % en juin 84 — un taux de marginalisation. La déperdition de substance — tassement régulier ou lente érosion de l'électorat — pourrait s'expliquer par des raisons conjoncturelles. Le P.C. était victime de sa fidélité à l'U.R.S.S. et il subissait notamment le contrecoup des fautes et des crimes de Staline, imparfaitement corrigés par les successeurs de ce dernier. Il souffrait surtout de la tragique inadaptation de mots d'ordre d'inspiration « ouvriériste » à la situation réelle d'un pays dont rien ne laissait supposer qu'il fût en voie de prolétarisation. Enfin il s'était montré incapable de définir un type de société qui pourrait se substituer au modèle russe lequel avait, depuis longtemps, cessé d'être attractif.

On a vu que cohabitait dans son électorat, à côté de sincères partisans du socialisme (sans pouvoir préciser de quel socialisme il s'agissait) une foule de mécontents qui, en votant pour le parti réputé le plus à gauche, pensaient exprimer leur mécontentement avec le plus de force. C'est, pour une part, dans cette masse de mécontents que le poujadisme, en 1956, avait puisé pour faire élire cinquante-deux députés. C'est dans cette masse que de Gaulle, en 1958, a opéré une ponction de 1 500 000 voix. Les pertes subies par le P.C. au moment du congrès d'Epinay sont d'une autre nature, mais parfaitement explicables aussi, et Marchais lui-même en est convenu. Un homme de gauche fidèle à ses principes ne pouvait pas voter pour la S.F.I.O. de Guy Mollet de peur de donner, en fait, sa voix à un Lacoste, un Max Lejeune ou un Jules Moch. Dès lors qu'un parti socialiste, rénové et épuré, désireux de s'éloigner des tristes ornières de la vieille social-démocratie, se proposait à ses suffrages, il allait abandonner un P.C. qui n'était pour lui qu'un pis-aller et ne répondait pas exactement à ses aspirations. Cependant, lorsqu'il est apparu que le P.S. avait le vent derrière, ce que devaient confirmer les scrutins de 1981, il semble qu'une frange importante de mécontents égarés jusque-là dans l'abstention ou la gesticulation incohérente de type poujadiste, s'est demandé si une expérience réformiste n'apporterait pas quelques remèdes à leur mécontentement. La déception venue, l'expérience ne leur ayant pas paru concluante et n'ayant pas répondu à leur impatience, beaucoup d'entre eux sont revenus sans doute à leurs positions de départ. Et la gauche n'en a pas fini avec le poujadisme soudain ragaillardi.

Et le P.C., dans l'histoire, que devient-il?

On s'est étonné de constater que la participation ministérielle ne lui avait pas apporté les bénéfices qu'il était en droit d'en attendre. Pourtant, dans leur majorité, les militants de « la base » étaient fiers et heureux d'avoir à nouveau des ministres après une éclipse de trente-quatre ans. L'électeur allait-il éprouver la même fierté ? Eh bien non ! On ne devient pas gouvernemental du jour au lendemain et l'on n'oublie pas si vite le climat qu'avaient engendré le procès d'intention, assorti d'imputations injurieuses, et les réquisitoires hargneux de Marchais contre Mitterand, qui empoisonnèrent si longtemps la vie politique et portèrent d'ailleurs au P.C. lui-même un préjudice incalculable. Mais, le coup fatal porté au P.C. — et jusque dans cette ceinture rouge de Paris où il disposait de bastions inexpugnables — est venu de ceux de ses électeurs, qui plus poujadistes que communistes, votaient pour lui pour donner un exutoire à leurs colères, et qui, trop profondément ancrés dans une opposition bornée et systématique, ne voteraient en aucun cas pour un parti devenu gouvernemental. Même si Poujade s'était, un instant, rallié à Mitterand, abandonnant le poujadisme au bord de sa route, le poujadisme n'est pas mort, et il vient même, là encore, de marquer un point.

Semblants
et
faux semblants

Les thèmes permanents
de la
« pensée » poujadiste

Le masque
rassurant
de l'apolitisme

Le fin du fin de l'habileté, pour un politicien de droite, c'est d'aller claironnant : « *Moi, je ne fais pas de politique* ». Le poujadisme n'a pas inauguré cette imposture, mais l'on peut ranger, sans hésiter, l'apolitisme parmi les thèmes dont le poujadisme a enrichi le bagage idéologique de ceux qui vinrent après. De nos jours, l'homme qui exploite l'argument avec la plus grande maestria — au point qu'il va en faire la pièce maîtresse de sa propagande en vue des présidentielles de 1988 — c'est le professeur Raymond Barre. Son exemple est là pour nous convaincre que « l'apolitisme » n'interdit pas la mobilisation de toutes les forces, de toutes les pensées d'un bonhomme autour d'un dessein unique et obsessionnel, de nature politique, et qui l'habitera pendant des années. L'apolitisme poujadiste est de même nature et répond à une même inspiration que les imprécations identiques du général de Gaulle et du maréchal Pétain contre « les partis », mais on le recontrait déjà dans les harangues de Boulanger ou, plus tard, dans les diatribes radiodiffusées de Gaston Doumergue contre ce qu'il appelait « le Front commun », après février 1934. Le poujadisme a donc ajouté à son bagage une constante de la droite, mais il lui a donné un habillage plus rugueux — plus pittoresque et plus systématique. C'est le « *Sortez les sortants !* » ou le « *Tous des pourris* » ! ses deux formules favorites, qui valurent à Pierre Poujade les plus grands succès dans ses meetings. En tous cas, les quelques mots « *Moi, je ne fais pas de politique !* » dans la bouche d'un candidat à une fonction élective, lui assurent d'emblée la faveur des auditoires modérés. C'est ainsi.

Ce qui facilite cette opération, cyniquement mystificatrice, c'est l'ambiguïté même du mot « politique ». A l'origine tout est clair : la politique, c'est l'art de gouverner la cité, la communauté des citoyens, ceux d'une ville et de ses alentours immédiats comme dans la cité grecque, ou ceux d'une grande nation. Peu importe que l'on gouverne bien ou mal si l'on s'est imposé par la force. Mais si l'on tient son pouvoir du suffrage populaire, il est conseillé de gouverner bien. Or, dans ce cas, celui qui voulait « faire de la politique », ou, comme on disait jadis, « se lancer dans l'arène », avait dû, auparavant poser sa candidature et soumettre un programme aux électeurs dont il sollicitait la confiance. Une telle démarche suppose des convictions affirmées, une ardente volonté de « servir » et cette certitude que nul plus que soi ne serait capable d'exercer la fonction que l'on brigue — bref, rien que de très noble, surtout si le candidat est connu pour son dévouement, son honorabilité et son désintéressement. Dès lors comment se fait-il que le mot « politique » ait pris un sens péjoratif ? Comme si « politicien » n'était pas suffisant pour salir le détenteur d'un mandat, pour lui imputer des intentions impures, des mobiles méprisables et pour mettre en doute son honnêteté, pourquoi a-t-il fallu recourir à un suffixe malsonnant et forger « politicard » pour mieux enfoncer le personnage dans l'opprobre ? Eh bien, c'est que, tout simplement, pour bien des gens, au moins dans certains milieux (et, en cela, ils rejoignent une manière de voir et de juger typiquement poujadiste) il est inconcevable qu'une activité politique puisse être désintéressée, qu'un homme ou une femme choisisse l'action politique par idéal, en raison de son attachement à des idées. Poujade lui-même ne s'embarrassait pas de nuances dans ses jugements sur le personnel politique... « Des gens qui ne pensent qu'à s'en mettre plein les poches », à « s'engraisser à nos dépens » et quelques autres gentillesses de cet ordre. (Et s'il s'agissait d'un Juif, on devine le supplément d'injures que lui valaient ses origines...)

Cette vision pessimiste pourrait se réclamer d'un La Rochefoucauld, lorsqu'il nous invite à faire la première place à l'intérêt parmi les mobiles qui font agir les hommes. Elle révèle, plus prosaïquement, une certaine bassesse d'âme, et elle a, de plus, l'inconvénient d'être injuste et inexacte. Il y a certes, dans un Parlement, des affairistes et des corrompus, mais pas plus que dans l'électorat, si bien que s'applique ici une sorte de représentation proportionnelle des honnêtes gens et des fripouilles. D'autre part, la peur du scandale conseille aux partis, même s'ils sont proches des milieux d'argent, de faire la police dans leurs rangs, afin que leur image de marque n'ait point à souffrir de l'indignité de la brebis galeuse. Mais la vision poujadiste, sur ce point, a profondément pénétré la bourgeoisie petite et moyenne et les couches les plus arriérées du prolétariat. Les jugements sommaires, indignés ou désabusés, sur le monde politique et la politique en général, se fondent sur un certain nombre d'affirmations définitivement admises et tenues pour des évidences. (Et par respect pour le lecteur, nous traduisons en termes convenables ce qui est dit, d'ordinaire, dans une langue plus vigoureuse, agrémenté de connotations ordurières...).

« S'il n'y trouvaient pas leur avantage (pécuniaire, bien sûr, car le poujadiste, par contagion, ne saurait en concevoir d'autre) seraient-ils si nombreux à nous faire leurs offres de service, à la veille de chaque consultation du pays ? Les grandes et nobles idées dont se réclament ces messieurs ne sont qu'un moyen de nous tromper. Ils ne croient pas un mot de ce qu'ils nous racontent et s'ils se disputent à la tribune, ils vont ensuite boire un coup ensemble à la buvette en se tapant mutuellement sur le ventre, tout heureux du bon tour qu'ils viennent de nous jouer... (Une buvette où, d'ailleurs, ils boivent sans payer...). La politique est sale par nature, et salissante pour ceux qui s'en approchent. Il est impossible de faire de la politique en gardant les mains propres. Si bien que, si par hasard, une honnête homme se faisait élire, il ne résisterait pas à l'atmosphère méphitique de ce cloaque immonde qu'est le Palais-Bourbon... (Si un jour est venu où Poujade se décida à présenter des députés, c'était pour tourner en dérision l'institution parlementaire, et comme on envoie un commando de saboteurs dans le camp ennemi...).

Au lieu de ces bavards qui perdent leur temps à enfiler de belles paroles, il suffirait d'un Chef doté des pleins pouvoirs et entouré d'une équipe restreinte d'hommes honnêtes et compétents. On veut bien admettre le principe d'une politique qui consisterait à gouverner, mais la « politicaillerie » commence quand, pour se faire élire, un candidat multiplie des promesses sans se demander s'il pourra les tenir ou sans la moindre intention de le faire, puis quand un parti lui met le grappin dessus, enfin quand les partis oublient leurs rivalités pour se livrer à des tractations secrètes afin d'imposer leurs vues à l'Exécutif » etc... etc...

Et voici qu'avec « politique politicienne », a fait sa percée dans le langage des tribunes et des journaux, mais depuis quelque temps avec un succès croissant, une formule commode, qui associe le mot « politique », pour le salir, à son frère bâtard « politicien », au féminin comme il se doit. Nous nous souvenons qu'en un même jour de 1979, l'expression « politique politicienne » fut employée par deux hommes chez qui l'on retrouve rarement un tel accord : Alain de Benoist et Georges Marchais. N'est-ce pas la preuve qu'elle répondait à un besoin et que, n'eût-elle pas existé, il aurait fallu l'inventer ? Il faut croire que, nés d'un même lit, issus d'une même et lointaine ascendance grecque, le substantif et l'adjectif ainsi accolés étaient déjà faits pour s'entendre. Comme il peut y avoir dans une même famille un « prix de vertu » et un chenapan, y aurait-il une politique politicienne salissante et foncièrement méprisable, et une politique pure qui laisserait son éclatante blancheur à la robe d'Eliacin ? L'une serait mise en œuvre par une cohorte de purs esprits, l'autre choisirait ses moyens dans l'ambition sans frein, la compromission et l'intrigue. Cette distinction, si nettement tranchée, entre l'angélisme et la turpitude ne va cependant pas sans risques.. Si la « politique politicienne » est celle des autres, comme chaque parti ou presque accuse les autres de s'y complaire ou de s'y vautrer avec délices, si aucun n'échappe au discrédit, l'affrontement ne va-t-il pas finir par un match nul et le discrédit ne va-t-il pas rejaillir sur des institutions démocratiques aux racines pourries. Si l'étiquette déplaisante est distribuée ici et là, à tort et à travers, si elle sert à qualifier, ou plutôt à disqualifier, tantôt l'acte de candidature et la propagande qui l'accompagne, tantôt la manière de gouverner, tantôt l'exercice même du pouvoir, en fin de compte, n'est-ce pas la démocratie qui fera les frais de l'étiquetage ?

En fait, l'emploi du mot « politicien », au masculin ou au féminin, est une grave imprudence de la classe politique. C'est une concession au poujadisme le plus imbécile. Concession dangereuse, parce qu'elle en entraîne d'autres, parce que le risque est grand de voir un jour l'adjectif contaminer le nom auquel il est accouplé, et le discrédit s'étendre, de proche en proche, à toute forme de civisme. Est-il si urgent de réveiller ce poujadisme qui se tapit, prêt à bondir, dans l'inconscient du citoyen le plus raisonnable, dès lors que les circonstances font de lui un contribuable écorché, l'usager cahoté d'un service public, un téléspectateur frustré par une grève de l'image, un automobiliste en querelle avec les émirats du Golfe, ou la victime excédée d'une administration kafkaïenne ?

Les anathèmes de Poujade contre « la politique » risquaient de déconcerter son public dès l'instant où il décidait de présenter des candidats aux élections législatives. Ceux-ci ne seraient-ils pas amenés, d'une manière ou d'une autre, à « faire de la politique » ? Si même, une fois élus, ils refusaient de siéger, ils n'en auraient pas moins, pendant leur campagne électorale, goûté au poison. Poujade n'en était pas à cette contradiction près, mais celle-là était de taille. Les politiciens qui, après lui, ont « fait » dans l'apolitisme, ont cherché à éviter le piège. L'on doit comprendre que, lorsque Barre affirme, la main sur le cœur : *« Je ne fais pas de politique ! »* ce n'est pas de la politique en général qu'il s'agit, mais d'une certaine politique à laquelle il ajuste, bien sûr, le mot « politicienne » pour aggraver la tonalité péjorative du vocable, mais laisse la porte ouverte à une autre politique qui échapperait à l'opprobre, celle que Raymond Barre appliquerait s'il revenait aux affaires. D'ailleurs, en règle générale, « la politique politicienne », c'est de préférence celle que fait la gauche.

On constate également que les sarcasmes contre la politique visent plus volontiers le Parlement que l'Exécutif, dont « l'apolitisme » souhaite, en général, le renforcement.

Certes, l'antiparlementarisme existait déjà, et avant même que Poujade ne vînt au monde. Il plongeait de profondes racines dans l'humus des traditions césaristes, mais on rendra cette justice au poujadisme qu'il a su lui donner une formulation truculente et imagée. On voudra bien admettre aussi que le parlementarisme ne sort pas blanc comme neige de la confrontation avec ses adversaires. La démocratie parlementaire serait plus forte pour faire face à ses détracteurs si on la sentait décidée à donner d'elle-même une image moins frivole. Si elle donnait plus nettement l'impression de croire en elle-même, à son efficacité, son utilité et son avenir, elle se rendrait aisément plus crédible aux yeux des simples gens, plus nombreux que l'on pense à la regarder fonctionner sur le petit écran. Même justifié par d'excellentes raisons (ou par de moins bonnes comme le cumul des mandats) l'absentéisme fournit à un poujadisme rampant des arguments de choix. La présence des caméras dans l'hémicycle du Palais-Bourbon a sans doute de sérieux avantages, au moins pour les ténors. Ceux-ci en attendent, pour leurs propos, une résonance que le Journal officiel ne saurait leur donner. Aussi s'efforcent-ils de ne monter à la tribune qu'à une heure de grande écoute. Mais les inconvénients ne sont-ils pas aussi grands quand le pays voit une affaire essentielle n'intéresser que deux pelés et trois tondus, perdus dans un désert de velours rouge ? Si l'on guérit un jour l'absentéisme parlementaire, si l'on régénère l'esprit civique chez ceux qui devraient en être les champions, ce sera grâce à l'œil terrible, inexorable, implacable, impitoyable de la caméra, un œil à qui rien n'échappe, un témoin goguenard et dont l'objectivité est garantie par les lois de la réfraction et le pouvoir grossissant des lentilles. Mais quelle tristesse lorsqu'il n'a guère plus à répercuter sur les ondes que le spectacle débilitant d'un certain je m'en foutisme?

Et que sera-ce lorsque l'installation d'un réseau informatique permettra à tous les députés de suivre les travaux parlementaires en restant dans leurs circonscriptions?

L'immigration

Ces
bougnoules
qui...

Sur l'immigration, sur la cohabitation des Français et des immigrés, le poujadiste a des opinions tranchées et définitives. Ah! il ne s'embarasse pas de nuances, le bougre! Se plaçant dans l'hypothèse où il serait chargé de régler un jour le problème, il nous apporte une solution toute prête:
— Avec moi, ça ne traînerait pas! Je vous foutrais tout ce monde à la porte, et l'on n'en parlerait plus... Fini le chômage: les immigrés sont plus nombreux que nos chômeurs. Fini le déficit de la Sécurité sociale: ce sont les bougnoules — de sacrés baiseurs — qui avec leur kyrielle de gosses pompent les plus gros crédits...

Depuis peu, d'ailleurs, il a abandonné le mot « bougnoules », dont il usait pour désigner indistinctement les immigrés d'où qu'ils viennent mais qui sentait son raciste à plein nez, pour maghrébin, qui fait, décidément, plus convenable, mais conserve l'avantage de réserver aux originaires d'Afrique du nord une priorité dans la répulsion à laquelle échappent, curieusement, Portugais et Espagnols. Mais, sur le fond, on notera que les thèses racistes ont profondément déteint sur

86

des individus qui s'indigneraient d'être affublés d'une étiquette jugée par eux infamante... Et, précisément, parce que, sur cette affaire encore, la France poujadiste a arrondi son domaine au détriment de la France non poujadiste (et pas seulement à Dreux), il conviendrait d'y regarder de près.

« Foutre tout ce monde à la porte », un souci élémentaire d'humanité s'y refuse, aussi bien que l'intérêt national et la reconnaissance des services rendus. Il est admis qu'il nous faut des esclaves pour accomplir les besognes rudes ou sales qui nous répugnent et qui continuent à nous répugner malgré l'extension du chômage. C'est un privilège des pays riches ou moins pauvres que d'autres. Tout un secteur de notre économie ne fonctionne que grâce aux immigrés. Nous fîmes appel à eux au temps de la prospérité, va-t-on les expulser si, après nous avoir longtemps prêté leur force de travail, ils sont frappés par le chômage, au même titre que les travailleurs français, et victimes des mêmes soubresauts de notre économie ? Malgré la crise, une nation généreuse doit également tenir compte des drames qui bouleversent la vie de millions d'être humains, d'un bout à l'autre de la planète, et se montrer accueillante pour des réfugiés dont les révolutions, les coups d'Etat ou les guerres ont fait de tristes épaves ... Cela dit, le moment est venu pour la France d'arrêter l'immigration clandestine, mais le peut-elle sans devenir un Etat policier, sans soumettre son territoire à un quadrillage incessant et instaurer sur ses frontières un contrôle tâtillon, qui, pour détecter les faux touristes, découragerait les vrais ? C'est un spectacle insupportable pour un homme de cœur que de voir — par les hivers les plus rigoureux — tous les dix mètres sur certains trottoirs, notamment près des gares ou des musées, de jeunes noirs, légèrement vêtus, battre la semelle devant une pacotille de colliers, de ceintures ou de statuettes de bazar étalés sur une toile cirée à même le sol, et sans que jamais le moindre passant ne s'arrête devant leur éventaire. Les mêmes jeunes noirs, sans doute au service de grossistes, Africains eux aussi, ou de sociétés importatrices, se retrouveront l'été suivant arpentant les plages, accablés sous le poids de leur cargaison ambulante, et en butte à l'indifférence agacée des baigneurs. Ne seraient-ils pas plus heureux sous un cocotier, dans leur pays ? Ce fut certes, une grosse faute de les en arracher, en leur faisant miroiter la perspective d'une vie meilleure ou de gains faciles, mais ils sont là, et l'on peut souhaiter que d'autres renoncent à les rejoindre. Mais, s'ils sont là, ne serait-ce pas que, chez eux, ils seraient plus malheureux encore ? Sera-ce longtemps encore notre luxe que de pouvoir nous montrer généreux et les tolérer chez nous ?

En revanche, et tant pis si l'on veut y voir une concession au poujadisme, nous accepterions volontiers l'expulsion immédiate des immigrés qui se sont rendus coupables d'un crime ou d'un délit grave. C'est sans regret que nous verrions reconduire à la frontière, entre autres, les maquereaux de Pigalle, originaires du Maghreb. La police prétend que les putains juives ont une préférence marquée pour les proxénètes arabes. Cette fraternisation devrait rassurer ceux qui jugent inévitables les affrontements armés du Moyen-Orient. Pourquoi les intéressés n'iraient-ils pas fraterniser ailleurs qu'en France ? Mais comme il est vrai que rien n'est simple !... A peine a-t-on réclamé une mesure qui semblait toute naturelle, qu'on en mesure le caractère fallacieux. « Reconduire à la frontière » ? Oui, mais quelle frontière ? On ne peut renvoyer chez eux que les gens qui ont un chez soi. Or, les révolutions ou la misère fabriquent en série des apatrides, dont le pays d'origine ne voudrait à aucun prix, et lorsque ceux-ci se reproduisent, ce serait un véritable casse-tête que d'attribuer une nationalité à leurs enfants. A embarquer le criminel, comme une certaine logique nous y invite, dans le premier avion en partance, on négligerait un détail important, à savoir que l'avion ne va pas tourner éternellement autour de la terre, et qu'il devra bien atterrir un jour. Et où déposera-t-il le fardeau dont nous lui demandons de nous débarrasser ? Ici, le poujadiste est formel. Partisan de l'expulsion de tous les immigrés, il ne va évidemment pas faire une exception pour les auteurs d'un crime. L'argument qu'il avance rejoint des thèses bien connues du poujadisme des origines. « Nos impôts vont-ils servir à nourrir en prison, pendant dix ou vingt ans, ceux qui ont abusé de notre hospitalité ». Une prison qui, dans son esprit, est forcément assimilable à un palace.

Malheureusement, si le criminel était expulsé avant d'avoir purgé sa peine, on peut penser que, malgré les précautions prises, il serait à nouveau en France un mois plus tard et qu'il y reprendrait ses coupables activités. Même les Etats réputés totalitaires n'ont jamais réussi à rendre leurs frontières imperméables...

Un problème demeure cependant, non encore résolu, celui de la cohabitation dans un même quartier, dans un même immeuble, de gens dont les habitudes de vie diffèrent si profondément. Là, le poujadiste n'est pas plus déraisonnable que l'intellectuel de gauche, barricadé dans un quartier bourgeois, et qui, n'ayant jamais souffert de la promiscuité, est d'autant plus à l'aise pour prêcher la fraternisation aux habitants des HLM de banlieue. C'est devant un tel problème que l'on constate combien il est vain de vouloir le résoudre d'un trait de plume, sans en avoir exploré toutes les données et que gouverner c'est, bien souvent, choisir la solution la moins mauvaise. Que vaut-il mieux : organiser des ghettos où les immigrés vivraient entre eux, dans les flonflons d'une même musique, dans les odeurs d'une même cuisine, réglant sur une même horloge les heures consacrées au travail et au sommeil — mais alors c'est renoncer définitivement à les intégrer à la communauté française ; c'est condamner au désespoir la deuxième génération, à qui est à jamais ôté l'espoir d'avoir un jour une patrie pour remplacer cette patrie perdue, avec laquelle ils n'ont plus aucune attache — ou répartir les maghrébins, puisque c'est surtout d'eux qu'il s'agit, mais aussi les noirs africains ou antillais, les Turcs, les Pakistanais et les jaunes du boat-people dans tous les quartiers, toutes les localités, qu'elles soient bourgeoises ou populaires, selon une stricte proportionnalité dans le saupoudrage, au risque de voir s'organiser une chasse à l'homme généralisée et le racisme prendre des proportions inouïes.

Eh oui ! La chasse à l'homme. Oublierait-on que l'on compte parmi nous de redoutables salauds ? Tous les jours ou presque, « tombent », sur les téléscripteurs des journaux, des dépêches relatant les exploits de tueurs de l'ombre qui, pour s'amuser, ou encore parvenus à une sorte d'exaspération, font un carton sur un immigré. Ici c'est un groupe de garçons, pas plus mauvais que d'autres, et qui, quelque peu éméchés à la fin d'une soirée entre «bons copains», sautent dans une voiture, à la recherche d'un «bougnoule» isolé, qu'ils coinceront dans un coin sombre et laisseront à demi-mort, sans même avoir conscience de la monstruosité de leur geste. Ce n'est pas le ku-klux-klan à la française, mais on y vient. Ici c'est un bonhomme, pacifique pourtant, mais qui cède soudain à la panique devant ce qui lui semble un raz-de-marée prêt à l'engloutir, une invasion inexorable. La notion de «Seuil de tolérance» révolte, à juste titre, la conscience humaniste — l'humanisme chrétien parce que tous les hommes sont fils d'un même père; l'humanisme marxiste parce que le seul antagonisme fondamental oppose les exploiteurs et les exploités, quelle que soit la couleur de leur peau; enfin cet humanisme laïque et républicain, égalitaire et fraternel, qui fut celui de Jaurès, de Victor Schoelcher, et se réclame de Rousseau et de 89. Mais ce «seuil de tolérance» devient une réalité, aux yeux de bien des gens, dès l'instant où il semble dépassé, lorsque, par exemple, il y a plus de noirs et de basanés que de blancs dans un wagon de métro. Et alors, ouvrier, boutiquier ou bourgeois, le poujadiste exaspéré deviendra un Dupont-la-joie...

« *Poujade* »
contre Badinter

A cette France poujadiste, allez expliquer que les réformes signées de Badinter, qu'elles prévoient la refonte du code pénal ou témoignent d'une volonté tenace d'humaniser « l'univers carcéral », vont mettre, selon l'avis de la commission spécialisée de l'ONU, notre pays au premier rang dans le monde pour le respect des droits de l'homme... Essayez de lui faire entendre que les peines de substitution, qui contraignent le condamné à réparer les dommages causés, en accomplissant des travaux utiles à la collectivité, pourraient éviter aux délinquants primaires le pourrissoir de la prison et, en définitive, mieux protéger la société. Vous serez aussi mal reçu, vous rencontrerez la même incompréhension butée, qu'à vouloir la convaincre :

— que l'abolition de la peine de mort, dans les pays où elle fut décrétée avant la France, n'a nullement aggravé la criminalité,

— que la suppression de la Cour de sûreté de l'Etat, destinée à combattre le terrorisme international, n'a pas encouragé les pickpockets, les petits cambrioleurs du samedi soir et les agresseurs de vieilles dames,

— que la gauche, quoi que certains prétendent, ne se désintéresse pas des victimes et de leurs familles (au contraire, qu'elle a, plus résolument que la droite ne le fit jamais, pris, en leur faveur, des mesures concrètes),

— enfin, qu'il y a, dans les prisons, plus de détenus qu'avant le 10 mai 81, et que le pourcentage est infime des détenus ayant profité d'une permission pour commettre un nouveau forfait.

Non! pour la France poujadiste (et, sur ce point particulier, la géométrie variable a singulièrement étendu son domaine et étiré ses frontières naturelles) pour la France poujadiste (et, ici, elle puise abondamment dans les viviers de la France profonde) pour la France poujadiste, dis-je (et, à cet égard, elle bénéficie d'un renfort inattendu dans les vieux réflexes de peur, hérités des siècles où l'insécurité des rues et des routes était le climat normal de l'existence humaine) pour la France poujadiste, Badinter est le complice des assassins (on a pu le lire, écrit à la bombe, sur bien des murailles) et son laxisme met en péril la société des honnêtes gens... C'est là une vérité admise une fois pour toutes, si profondément ancrée au cœur des certitudes chères à des millions de Français, que toute discussion avec eux se heurte à un mur. Pourquoi cette panique soudaine à la nouvelle d'un crime plus odieux que d'autres? Pourquoi cette frénésie dans le désir de vengeance comme si, seule, l'application de la loi du talion pouvait rendre la sérénité à un esprit perturbé jusqu'au délire? Pourquoi s'effondrent soudain les superstructures laborieusement mises en place par une civilisation à prétentions humanistes, et dont on s'aperçoit, d'un coup, qu'elles reposaient sur des assises vermoulues?

C'est sans doute que nous touchons ici à l'essentiel, à ces réactions primitives, inassouvies mais d'autant plus irrésistibles, qui se situent à l'intersection du corps et de l'esprit, et sur lesquelles aucun raisonnement ne peut avoir de prise. C'est la société dans ses profondeurs qui se sent doublement atteinte, d'abord dans sa substance même, puisque ce criminel, dont l'acte la révolte et l'indigne, elle l'a porté dans son sein comme une mère, et ensuite qu'elle en a été la victime dans la personne d'un de ses membres. Un peu de honte, comme celle qui rejaillit sur la famille dont le fils a mal tourné, ne se mêle-t-elle pas à la fureur dont témoigne l'exigence d'une sanction terrible ?

Mais, qu'ils regardent avec honnêteté au fond d'eux-mêmes, qu'ils s'interrogent sans complaisance, ceux qui se flattent de conserver leur sérénité devant le crime ; ceux qui verraient avec plaisir la police disperser brutalement le chœur des mégères déchaînées qui viennent crier « A mort ! » jusque dans un prétoire ; ceux qui font profession d'humanisme et qui sont, il faut le proclamer, la conscience et l'honneur d'un pays ? Sont-ils vraiment à l'abri de ces entraînements passionnels ? Sont-ils totalement protégés de ces miasmes de poujadisme qui se traînent au ras du sol dans nos sociétés, prêts à s'insinuer dans les têtes les plus solides ?

Il y a quelques années, une revue de juristes ouvrait une enquête sur la peine de mort, et interrogeait, à ce sujet, divers personnages connus pour leurs idées libérales. Les réponses faites au questionnaire initial étaient révélatrices. Tous se disaient résolument « abolitionnistes » et expliquaient pourquoi : On ne guérit pas le mal par un mal de même nature... Le sang versé n'efface pas le sang versé, il l'attirerait plutôt... La fascination sadique qu'exerce la guillotine sur les esprits faibles n'est-elle pas plus corruptrice que dissuasive, dans la mesure où le guillotiné prend figure de héros dans le panthéon de la pègre — un héros dont le destin suscite plus sûrement admirateurs et imitateurs qu'il n'entraîne la reprobation ? Bref, les arguments classiques que l'on rencontre, déjà, sous la plume de Victor Hugo ou de Jaurès... Mais, aussitôt après l'énoncé du principe, l'interviewé s'interrogeait. Toute idée de vengeance écartée, la société n'est-elle pas en droit de se défendre, en mettant définitivement hors-circuit une bête fauve, un monstre dont on sait qu'il est « irrécupérable » et qu'il attendra, après trente ans de prison s'il le faut, l'occasion de tuer à nouveau ? Ce premier accroc aux principes en annonçait malheureusement quelques autres. Bien que timidement, et assortie de prudentes circonlocutions, revenait dans bien des réponses cette idée que certains crimes devaient inspirer à un homme normal une horreur insoutenable, une répulsion telle qu'ils réclamaient une élimination brutale du criminel. Et de citer le trafiquant de drogue, qui amasse des millions en semant la mort autour de lui et, en s'en prenant à la jeunesse, compromet l'avenir d'un pays — peut-être aussi le maquereau, ce parasite qui vit de l'exploitation directe d'un être humain et ne parviendra jamais à se réinsérer dans une société où il devrait travailler de ses mains — en tout cas, les lâches qui s'attaquent aux vieilles personnes sans défense et les tuent pour leur dérober leurs économies... A ceux-là s'ajouteraient les pirates de l'air qui détournent un avion de sa route, même si leur geste obéit à des mobiles politiques ; les ravisseurs d'enfants qui tentent d'extorquer, à une famille désespérée, de fabuleuses rançons, et n'hésitent pas à supprimer ensuite leur otage, sans oublier bien sûr le criminel en col blanc qui porte atteinte au crédit de l'Etat et au patrimoine national... (A ce compte, tout en rejetant la peine de mort, mais en acceptant quelques aménagement à des principes « intangibles », ou en viendrait à considérer que, seul, le crime passionnel dût lui échapper). Enfin, au terme d'une série de déclarations signées par d'ardents « abolitionnistes », apparaissait la crainte de voir les policiers user des facilités que leur donnent la possession d'une arme, l'excuse de la légitime défense ou l'indulgence accordée aux « bavures », et rétablir, en fait, la peine de mort que le Parlement aurait abolie... Une argumentation plus subtile, moins passionnelle, certes, que celle dont s'inspire la justice revue et corrigée par le poujadisme, mais qui, en fin de compte, aboutit aux mêmes conclusions... En définitive, des hommes qui se flattent de « raison garder », laissent leur pensée s'altérer, sans qu'ils en aient vraiment conscience, au contact de ceux de leurs contemporains qui obéissent à des impulsions irraisonnées, des réflexes élémentaires, des réactions passionnelles, autant de signes qui définissent précisément les mécanismes mentaux du poujadisme. C'est bien la confirmation qu'en matière de justice la France poujadiste gonfle singulièrement ses effectifs, et l'on ne s'étonnera pas si les sondages les moins « fabriqués » évaluent à plus de 60 % des Français, les bataillons serrés du poujadisme judiciaire.

On admettra sans peine qu'un mode de pensée qui fait si peu de place à la raison ne soit pas à l'abri des contradictions les plus déconcertantes. Le poujadiste-type exige que l'on emprisonne à tour de bras, que les détenus s'entassent dans les cellules, mais il s'indigne, dans le même temps, que l'on impute au Trésor public leurs frais de nourriture et de chauffage. Ce serait un comble, estime-t-il, qu'il dût contribuer, lui personnellement, en payant des impôts, à entretenir cette racaille, à permettre que se gobergent, dans des prisons « quatre étoiles », les ennemis d'un ordre qui lui est cher. Dans ses moments de grande excitation, le poujadiste-type verrait d'assez bon œil la mitraillette cracher ses balles dans les cours des prisons pour éclaircir les rangs de ces parasites vivant à ses crochets. Et tant pis si, en supprimant ces prévenus trop nombreux, qui attendent trop longtemps de comparaître devant des juges trop peu nombreux, on envoyait dans l'autre monde des gens qui, convenablement jugés, s'en seraient « tirés » avec trois mois ou avec le sursis. Le poujadiste-type et ses pareils, qui se flattent de connaître le remède à la délinquance et vont répétant que, si on les chargeait de rendre la justice, l'affaire serait réglée en un tournemain, adopteraient volontiers le barème des peines en vigueur à Florence du vivant de Dante : pour les voleurs « l'œil crevé au fer rouge ; en cas de récidive, l'amputation d'une oreille » et pour une nouvelle récidive, la pendaison, qui, d'autre, part, attendait le cambrioleur pris sur le fait. Enfin, si à l'occasion d'un vol, le voleur tuait sa victime, il était ou bien pendu ou bien amputé du pied ou de la main. (Nous devons ces détails à l'historien des siècles barbares Pierre Antonetti).

Quant l'homme le plus pacifique, sous l'effet de la peur ou de la colère, se transforme en mouton enragé, il devient une proie facile pour la manipulation politique. C'est, apparemment, sur le thème de l'insécurité que la majorité de 81 a perdu les municipales de 83, puis celles de Dreux qui ont valeur de symbole. Des personnalités aussi avisées qu'un Romerio, l'ancien président de la Cour de Sûreté de l'Etat devenu le propagandiste de l'autodéfense, sont depuis longtemps protégées des réflexes viscéraux, des réactions impulsives et irraisonnées, mais ils savent combien il est facile, pour la droite, de recruter des activistes en jouant habilement de la peur. Le commerçant qui s'éveille en sursaut, chaque nuit, au bon milieu d'un cauchemar où il voit les escarpes montés des banlieues briser sa vitrine et fracturer son tiroir-caisse, ou encore le notable dont la résidence secondaire a déjà été cambriolée trois fois, sont prêts à écouter d'une oreille attentive l'homme d'expérience qui vient leur parler du « laxisme » des juges et des policiers, et à le suivre quand il dénonce, dans le Garde des Sceaux, le responsable d'une situation, automatiquement imputée au régime nouveau. Revenir vers la droite si, en 81, on avait appartenu à cette frange d'électeurs qui a fait basculer la France à gauche, et, acheter un 22 long rifle, une carabine ou un « berger allemand », sont les deux faces d'une même démarche. C'est devant « la carence de l'Exécutif » que l'on décide de se faire justice soi-même, et tant pis si, dans le trouble d'un premier sommeil interrompu par un bruit de pas, on tue son fils descendu à la cuisine pour boire un verre d'eau.

Mais soyons justes ! Vous pouvez nourrir pour le Tiers ou le Quart-monde sympathie et compréhension, vous n'allez pas pour autant sauter au cou du jeune maghrébin ou presser sur votre cœur le loubard de la banlieue nord qui, avec une insistance appuyée, vous réclame votre portefeuille au cours d'une attaque du métro, calquée sur celle de la diligence dans les bandes dessinées. Les moralistes condamnent volontiers la lâcheté des voyageurs qui plongent le nez dans leur journal quand leur voisin est délesté de sa montre et vont subir le même sort l'instant d'après, dans la même indifférence de la part du wagon entier. Ces moralistes ont raison, mais ils paraissent ignorer cette règle fondamentale de la stratégie qui consiste à évaluer le rapport des forces avant de livrer bataille. Se battre les mains nues contre un adversaire qui vous chatouille la 6e ou la 7e côte avec la pointe d'un Laguiole de 18 centimètres, ce n'est pas du courage, c'est de la folie, même si l'article 73 du code de procédure pénale nous y invite. Mais l'alerte passée, on n'a pas lieu de se montrer flambard. Il est même normal que l'on éprouve la même colère froide que celle de l'honnêteté impuissante et désarmée devant la malfaisance triomphante. Mais doit-on glisser pour autant dans le poujadisme ? Allons plus loin. On sait bien que les statistiques font état d'une certaine stabilité, d'une décennie sur l'autre, dans le nombre des crimes et délits. Ceux-ci peuvent changer de nature, comme s'ils obéissaient à des modes successives, mais sans que soit affecté le volume global. Et l'on veut bien admettre que, devant la menace d'une lame effilée, le voyageur le plus équilibré, le plus soucieux de garder son sang-froid et d'appliquer ses principes, n'accordera aux statistique de la délinquance qu'un intérêt limité. Il a devant lui non pas un criminel endurci, un truand chevronné, un authentique professionnel (ce qui, à tout prendre, serait plutôt rassurant) mais un jeunôt dont les mains tremblent et qui fait peut-être « ça » pour la première fois. Celui-ci ne va-t-il pas s'énerver devant un semblant de résistance, devant une infime hésitation à céder devant ses exigences ? Ne va-t-il pas perdre la tête et tuer, car, pour lui, toute seconde perdue aggrave le risque d'être pris ? Même s'il est prouvé que de telles aventures se terminent rarement par un crime de sang, encore faut-il avoir la chance de se trouver du bon côté du pourcentage... Mais enfin, serait-on en la circonstance — et l'on aurait quelques excuses — uniquement, exclusivement soucieux de son destin personnel, les statistiques demeurent une réalité d'ordre général. Ce qui sépare le poujadiste de l'homme sensé, c'est que ce dernier s'efforce de raisonner sur des chiffres indiscutés, tandis que le premier fonde ses jugements, forcément sommaires, sur les impressions ressenties devant un crime ou un délit particulier, spectaculaire de préférence, celui dont la presse a longuement parlé, celui auquel il a lui-même assisté, celui qui s'est produit dans son quartier ou a fait des victimes jusque dans son entourage. De là l'origine des extrapolations les plus fantaisites. Mais devant le danger qui les menace, devant le harcèlement des esprits par les campagnes des médias, devant l'horreur de certains crimes, combien d'hommes sensés sont tentés de raisonner en poujadistes ?

Gouvernants
et
gouvernés

Le poujadisme est venu greffer ses anathèmes sur un débat vieux comme le monde, celui des relations ambiguës entre gouvernés et gouvernants. Si le dialogue a du mal à s'engager entre la masse des citoyens et les diverses équipes qui viennent leur faire d'alléchantes offres de service, c'est que les activités des uns et des autres se déplacent dans des directions différentes, difficiles à harmoniser. Les candidats à une fonction gouvernementale ou à un mandat électif vont droit au but :

— Nous sommes prêts à vous gouverner et vous donnons, dès maintenant, l'assurance que nous ferons mieux que les autres, ceux qui sont actuellement en place. Accordez-nous votre confiance. Point final.

Ces gens si sûrs d'eux-mêmes, qui protestent ainsi de l'étendue de leur bon vouloir et de leurs compétences afin d'entraîner à leur suite une majorité, aspirent donc à occuper le pouvoir. Pour ceux qui convoitent les plus hautes charges d'un pays, le pouvoir apparaît comme le souverain bien. Au contraire, les gouvernés voient dans l'Etat un mal nécessaire, et cette tragique différence de conceptions va donner inévitablement naissance à quelques malentendus...

— Oui, un mal nécessaire. Un mal dont on ne limitera l'étendue que si l'Etat se montre discret, modeste, effacé, s'il ne prétend pas se substituer à l'initiative privée et englober dans sa mouvance des activités « pour lesquelles il n'est pas fait », enfin si, cessant d'être gourmand et ambitieux, il se cantonne dans son domaine propre...

— Lorsqu'un mal est si grand, pourquoi le dire « nécessaire » ?

— Cette contradiction n'est qu'apparente et ne nous gène pas. Nous savons qu'il y aura toujours un Etat, et vous en apportez vous-même la preuve quand on vous voit massés devant le portillon afin d'obtenir pour vous-mêmes une parcelle de puissance.

On pourrait sans doute imaginer, mais qu'on nous pardonne cette escapade dans la fiction, un tarissement soudain des sources auxquelles l'Etat s'abreuve lorsqu'il s'agit pour lui de renouveler son personnel. Voilà qu'a cessé l'attirance pour les urnes et que, de tout le dimanche, l'isoloir va rester désert. On ne trouvera même pas de volontaires pour présider les bureaux de vote, et à quoi bon solliciter la collaboration bénévole de ces scrutateurs, d'ordinaire si efficaces et si compétents, si aucun candidat ne s'est présenté, si aucun électeur ne s'est déplacé ? Cette désaffection pour le service public, au sens large du mot, s'est étendue de proche en proche, et aucun nom ne figure sur les registres d'inscription aux divers concours de recrutement. L'ENA a, évidemment, fermé ses portes, ainsi que les écoles spécialisées d'où sortaient magistrats, policiers et collecteurs d'impôts. L'armature de l'Etat a été définitivement ébranlée quand on n'a pu trouver, de Toulouse à Narbonne en passant par Castelnaudary, aucune fillette à l'accent merveilleux qui consentît à « monter à Paris » pour « travailler aux P.T.T. » Saint-Cyr ne fait plus recette et le casoar des saint-cyriens, tout prestige aboli, ne sert guère plus qu'à épousseter les statuettes de faux bronze, sur la cheminée de la salle-à-manger, dans les familles de ces nouveaux adeptes de l'objection de conscience, dont les aînés

offrirent jadis leurs poitrines nues aux mitrailleuses des Teu-
tons. Quant à la dernière promotion de l'X, elle s'est égaillée
dans les régions désertiques des Cévennes, du Velay, du
Vivarais et des Alpes de Haute-Provence. Ces jeunes gens à la
tête bien pleine se consacrent désormais — eux qui naguère
avaient colonisé l'industrie et l'administration — à élever et à
traire des chèvres, à pétrir et à cuire l'argile, à restaurer les
maisons en ruine où ils vivent en communauté et où même
l'érotisme a su faire son trou, grâce aux quelques polytechni-
ciennes qui partagent leur sort et qui y mettent autant de zèle
qu'autrefois à manipuler les cosinus ou à programmer leur
carrière d'ingénieur. Si nous ajoutons, à l'inventaire d'une
telle désolation, une évocation sobre du destin nouveau dé-
volu à l'Elysée, l'on verra comment une innocente rêverie
peut tourner au cauchemar.

Le soc luisant d'une charrue d'un modèle ancien, un
modeste Brabant tiré par deux bovidés, n'a-t-il pas éventré,
pour la vouer à la culture des salades et des choux de Bruxel-
les, la cour d'honneur d'un palais vidé de ses habitants, et
enfoui dans un irrémédiable déshonneur un noble gravier qui
avait, cependant, crissé jusque-là sous la calèche à moteur de
toutes les célébrités de la planète?

Quand il parlait du régime instauré par la Constitution
de 1875, Léon Daudet le désignait sous le terme, qu'il voulait
injurieux, de « raie publique » (Ce monarchiste, nostalgique
de l'Ancien régime, n'était pas toujours très délicat dans le
choix de ses images...). Il lui arrivait aussi d'appeler la République « la femme sans tête », rien n'ayant jamais remplacé, à
ses yeux, la tête, couronnée celle-là, qui avait roulé dans la
sciure le 21 janvier 1791. Eh bien, voilà la prophétie enfin
réalisée. La République a perdu sa tête, et même un peu plus,
puisqu'ont disparu avec elle — elles étaient devenues inutiles
puisqu'il n'y avait désormais plus rien à transmettre — toutes
les courroies de transmission, en l'occurrence les hauts digni-
taires de la fonction publique, ceux qui appliquent les lois que
d'autres ont votées, ceux qui font — qui faisaient — marcher
la machine à son petit train-train quotidien. La « femme sans
tête », c'est la barque sans gouvernail aux prises avec les

fantaisies du courant. Sans gouvernail, mais aussi sans boussole, sans eau potable et sans vivres dans la cambuse à provisions, car le préposé à « la bouffe » s'est retiré, lui, en Lozère. Il y vit au crochet des abeilles du cru qui assurent docilement sa subsistance en butinant les fleurs odorantes de la montagne. Mais il est temps de mettre le point final à cette fable désespérante !

Cette disparition de l'Etat, provoquée par la désertion concomitante de tous ceux qui concouraient à son fonctionnement, n'est pas pour demain. Rassurons-nous, ce n'était qu'un mauvais rêve. Les fonctions les plus exposées, les plus menacées se renouvellent régulièrement. On ne compte plus les policiers « victimes du devoir » et même les magistrats, qui, comme en Italie, tombent sous les coups de la grande criminalité. On trouve toujours des gens assez sûrs d'eux-mêmes, et de leur vertu, pour accepter de juger leurs semblables. Quant aux policiers, on ne sait si l'exaltation du flic par le cinéma y est pour quelque chose ou si la vocation policière répond à quelque aspiration trouble, une variante de la volonté de puissance en milieu modeste, mais il ne semble pas que leur race soit près de s'éteindre dans la France d'aujourd'hui. Dans le même temps, au sommet de la pyramide, la prolifération des candidatures nous préserve d'un effacement du personnel politique. Aucune crainte, donc, pour « le mal nécessaire »...

Mais venons-en à la contradiction traditionnelle chez les anarchistes de droite — une engeance beaucoup plus nombreuse qu'on ne l'imagine — et qui les incite à vilipender l'Etat dans la personne de ses responsables et à le rejeter jusque dans son principe, mais à se tourner vers lui, à l'appeler à l'aide en cas de coup dur. L'Etat, ils consentent, sans trop rechigner, à l'entretenir de leurs deniers, mais payer l'impôt — un impôt toujours trop lourd à leur gré — c'est, de leur point de vue, contracter une assurance contre les mauvais tours de l'adversité. Si une affaire est saine, prospère, si elle rapporte de substantiels dividendes, on engrange les profits comme il est naturel, et on signe des deux mains les manifestes du CNPF en faveur de la libre entreprise — une entreprise que l'on défendra farouchement contre « la boulimie nationalisatrice et l'insatiable appétit du monstre étatique ». Mais si la situation se détériore, il est tout à fait normal de frapper au guichet de la Grande Compagnie d'Assurances. Le patron le plus résolu à maintenir l'individualisation du profit est prêt, dès lors, à accepter la collectivisation des pertes (sans pour autant atténuer la vigueur de ses diatribes contre la menace collectiviste...) Peut-on parler de contradiction s'agissant de deux démarches complémentaires et relevant d'une logique aussi irréfutable ?

Mais enfin le fait est là : le Français le plus individualiste, le plus hostile à l'Etat et à ses interventions dans la vie des citoyens et des entreprises, est cependant prêt à le tolérer en tant qu'Etat-providence, et il ne se sent nullement humilié d'adopter, à son égard, un comportement d'assisté. Les relations ambiguës, conflictuelles mais entrecoupées de trèves ou de « lunes de miel » rarement désintéressées, qu'entretient une catégorie de citoyens avec l'Etat, donnent tout son sens au phénomène poujadiste, notamment sous son actuelle résurgence.

Les
chemins
de la
décadence

Le moraliste s'indigne ; l'homme d'Etat constate ; l'un et l'autre reconnaissent leur impuissance, prêts à baisser les bras. Mais la « connotation » péjorative du mot « décadence » n'exclut pas certaines séductions étroitement associées à l'image, reçue en héritage, de ces périodes de l'histoire marquées par l'adoucissement des contraintes, le relâchement des mœurs et de déferlement du dévergondage. Nous voici, du coup, plus enclins à l'indulgence... L'Etat s'enlise, le Pouvoir s'effiloche, la corruption s'étale et gagne en profondeur dans une Société déboussolée... Tant pis pour l'Etat, pour le Pouvoir et pour la Société si en contrepartie l'individu grapille, ici et là, quelques compensations. La chienlit généralisée est riche de virtualités multiples. L'esprit inventif des Français, leur faculté d'adaptation aux situations les plus inattendues n'en finiront pas de nous émerveiller. Dans un pays en décadence, il reste encore de beaux jours pour les petits malins qui savent tirer parti des circonstances, s'adapter à l'immoralité du siècle, y faire leur trou et leur nid, quitte à se lamenter publiquement et à voix très haute, un jour par mois, sur cette dégénérescence qui conduit la nation aux abîmes, piétine les valeurs les plus sacrées et arrête brutalement la marche ascendante de la civilisation occidentale.

Un rapide coup d'œil a suffi pour que ces philanthropes d'un nouveau genre aient découvert, chez leurs compatriotes, une volonté généralisée de prendre leurs distances avec la discipline civique, à vivre en marge des lois. Va-t-on les décourager, ces candidats à l'incivisme, ces rebelles qui cherchent leur voie? Isolés, ils auraient du mal à profiter de la situation. Une main secourable s'offre à les aider au moment de sauter le pas. Tout le monde y gagnera et le bienfaiteur y trouvera son compte, tout autant que son obligé. Banquiers marrons, juristes subtils à qui une longue pratique a appris quel parti tirer des textes les plus respectables, intermédiaires en tous genres pour qui le franchissement des frontières n'a plus de secrets, ni le blanchissement de l'argent impur.

D'ailleurs, cette décadence est-elle vraiment perçue par ceux qui la vivent, ou bien procède-t-elle des jugements après coup, formulés par les historiens, souvent quelques siècles plus tard? Elle serait assurément moins condamnable si nous étions des décadents à notre insu et si le diagnostic infamant n'était formulé que cinq siècles après notre mort.

Mais pour qui répugne à se ranger parmi les petits malins ou parmi les cyniques, le mot « décadence » risque de rester en travers de la bonne conscience...

Une décadence qui ne répond sans doute pas à l'image classique d'un Bas-Empire orgiaque et partouzard, mais qui atteint, peut être plus profondément, le tissu d'une nation... La décadence française, une France décadente? Après tout, pourquoi pas? Aurions-nous peur du mot?

Privilèges
et
abus
Le
dérapage

Il fallait bien qu'au cours de cette dénonciation des mœurs du siècle vînt l'heure de l'autocritique. Il serait vraiment trop commode de s'ériger en censeur sans se demander un instant si l'on est soi-même innocent des défauts constatés chez autrui. De quel droit le pamphétaire se rangerait-il d'emblée dans le clan des purs ? En vertu de quel mandat de la Justice immanente s'autoriserait-il à formuler un de ces jugements définitifs qui, logiquement, entraîneraient la peine capitale ?

Oui, la dégradation du civisme, l'affaiblissement de l'esprit communautaire conduisent ce pays à une inévitable décadence. Oui, on voit mal les méthodes ou, plus modestement, les recettes qui nous permettraient d'y échapper. Mais, quand une telle dégradation a pris de semblables proportions, quand un si large consensus s'est établi autour de la volonté de vivre pour soi, replié sur son égoïsme, a-t-on le droit de s'exclure du troupeau ? D'ailleurs, serait-on, ou se croirait-on irréprochable — prétention absurde et aberration de l'orgueil, dénoncées, aussi vigoureusement, par Jésus-Christ et par Lénine — il s'agirait là d'un phénomène marginal, sans intérêt aucun pour la statistique qui reste l'approche indispensable de la vérité collective aussi bien qu'individuelle. Enfin, ce serait une façon bien singulière de prêcher la solidarité entre les hommes, que de se défiler, par un couloir dérobé, au moment où ils vont comparaître, par millions, devant le tribunal de l'Histoire. Que nous le voulions ou non, nous sommes tous complices, et une conscience plus claire, plus exigeante, plus courageuse peut-être des fautes imputables à une société, n'en préserve pas ceux qui sont les plus prompts à les dénoncer. De toute manière, tout nous convie à la modestie, et, aux diatribes enflammées sur l'immoralité ambiante, sera toujours préférable un examen attentif des mécanismes de sa propagation.

A l'origine du mal, en premier lieu, des inégalités difficilement acceptables, et auprès desquelles l'égalité reconnue aux citoyens devant les urnes apparaît, de plus en plus, comme un palliatif dérisoire... Les inégalités naturelles, jadis, on s'y résignait, faute de pouvoir les guérir. A cet égard, l'Église était bien utile. En présentant les handicaps physiques, une santé déficiente ou une infirmité, la laideur du visage ou le retard intellectuel, comme une fatalité, un mal inévitable ou comme un châtiment (assorti cependant d'une promesse lointaine de rédemption), elle les rendait moins insupportables. Aujourd'hui, on ne s'y résigne plus, d'autant que, bien souvent, les inégalités physiques, fussent-elles liées à l'hérédité, ont une origine sociale, et que la société pourrait contribuer à leur porter remède en se réformant. On a déjà tout dit du rôle décisif du milieu familial dans l'éveil de l'intelligence. Corriger ou adoucir ces inégalités contribuerait évidemment au progrès de la société toute entière. Mais il s'agit ici de bien autre chose.

Les choquantes inégalités qui, elles, conduisent à la décadence, ne sont pas inévitables, conformes à l'ordre des choses, à une prétendue volonté divine. Elles résultent d'une situation de fait, du hasard, de la chance, du culot et, occasionnellement, pourquoi pas, du mérite.

Quand l'inégalité résulte d'un abus ou d'un privilège, on

peut observer, à l'égard de ceux-ci, deux attitudes différentes. On peut les dénoncer avec les moyens, limités mais réels, que permet la démocratie. Un journal, un syndicat, le médiateur, peuvent, dans certains cas, donner le coup de pouce. Mais il reste une autre attitude, peut-être plus naturelle, en tout cas plus proche de la mentalité moyenne des Français d'aujourd'hui, et qui pourrait se résumer dans la formule : « Pourquoi pas moi ? ». En effet, dès l'instant où le privilège jugé abusif ne s'attache à aucune supériorité professionnelle, pourquoi celui-ci en bénéficierait-il plutôt que tel autre ? La première attitude tend à mettre fin aux abus, la seconde à les perpétuer.

Les pouvoirs économiques ont depuis fort longtemps appris à tirer parti de ces ressorts psychologiques élémentaires que sont l'envie et la jalousie. Celles-ci vont dresser, contre le détenteur d'un privilège, si infime soit-il, (quelques centaines de francs sur une feuille de paie, un petit galon sur la manche) ceux qui, se sentant frustrés, aspirent à en bénéficier eux-aussi. Ce sont là les ruses médiocres d'une stratégie à courte vue, mais c'est une preuve nouvelle de l'indigence intellectuelle du capitalisme traditionnel. Dans l'immédiat, la méthode peut s'avérer rentable : les petits privilèges instaurent une multitude d'échelons catégoriels qui morcellent à l'infini le personnel d'une entreprise, brisent l'essor du syndicalisme et rendent celui-ci moins offensif. Mais, à terme, c'est la victoire du crétinisme ; c'est confier à l'épicier du coin la tâche de concevoir et d'appliquer la grande politique industrielle dont la France aurait besoin. Un capitalisme intelligent aurait compris que la petite revendication catégorielle, la crispation sur les avantages acquis par la faveur plus que par le mérite, rétrécissent l'horizon dans l'ensemble d'une entreprise. Or, la marche en avant de celle-ci est inconcevable sans le dynamisme, la participation active et, devrait-on dire, la complicité de toute une équipe. Quand la médiocrité au sommet rejoint et renforce la médiocrité à la base, on mesure, pour l'économie d'un pays, les risques de décadence.

Il serait évidemment absurde d'imaginer que les privilèges sont le lot exclusif des salariés de l'industrie. Ils sont, ailleurs, plus volumineux, et combien plus scandaleux quand on parvient aux plus hauts niveaux de la hiérarchie économique et administrative. Ils sont un évident facteur de stagnation dans la mesure où toute l'énergie des têtes les mieux douées de l'encadrement s'épuise et se gaspille dans une lutte de tous les instants pour défendre, contre des rivaux aux dents aussi longues, les positions acquises, et intriguer pour en acquérir de nouvelles. Aux privilèges personnels, se surajoutent souvent les privilèges corporatifs. Si telle grande administration organise pour son personnel, en participant très largement aux frais, de magnifiques voyages à travers le monde, cet été en Indonésie, l'été dernier au Mexique, on ne voit pas pourquoi le personnel de telle autre grande administration ne bénéficierait pas.des mêmes avantages qui, accordés à certains, sont, ipso facto, devenus un droit pour tous. On ne voit d'ailleurs pas pourquoi les grands voyages seraient réservés aux riches et les salariés en seraient exclus. Par suite, si cette «grande administration» devient déficitaire ou si l'aggravation de la crise la contraint à réduire son train de vie, la suppression des voyages apparaîtrait du coup comme une intolérable brimade. De tels avantages ne sont-ils pas l'heureux résultat, l'acquis positif de l'action syndicale? Si telle ou telle corporation, telle ou telle branche de l'administration ou des sociétés nationales, plus active syndicalement parlant, a acquis une précieuse avance en matière d'avantages sociaux, la justice exige non pas que cette avance soit freinée ou annihilée, mais que le statut social des autres branches, retardataires en ce domaine, soit aligné sur celui de la plus dynamique. Et il n'y a là rien à redire.

C'est donc par mimétisme, par imitation, par émulation, que de proche en proche, se généralisent, au nom de l'égalité et de la justice, des avantages qui, en soi, n'ont rien d'exorbitant mais qui, en définitive, donnent naissance à une société fermée sur elle-même, crispée sur l'égoïsme individuel ou collectif. La prolifération des abus procède des mêmes mécanismes. Or, ce sont ces abus qui, en envahissant la vie courante, lui donnent sa coloration, et, à une société, l'image qu'elle présente d'elle-même.

Mais le syndicalisme ne dégénère-t-il pas en corporatisme lorsque, notamment dans la fonction publique et les sociétés nationales, le personnel a tendance à se replier sur soi, à s'organiser en famille autour d'avantages sociaux conquis de haute lutte, certes, et d'autant plus précieux, mais sans se préoccuper de la situation générale du pays ? Au terme de cette évolution, on en viendrait à transormer le bureau en un bastion au service de son personnel et où, bientôt, le client ou l'usager deviendrait un intrus, un gêneur, un trouble-fête. Mais, au fait ne s'agit-il pas là de propos sacrilèges, d'une tonalité typiquement poujadiste ? On hésite, pour cette raison, à les proférer publiquement, tant il est vrai que notre administration, malgré ses faiblesses et un relâchement apparu depuis la Libération, est une des meilleures du monde. Mais n'assiste-t-on pas, en fait, à l'affrontement de deux poujadismes quand le service public, oublieux de sa mission, se fige dans un corporatisme catégoriel, alors qu'en face le commerçant égrène ses litanies : « Il y a trop de fonctionnaires... C'est nous qui nourrissons ces fainéants avec notre travail... Ils bénéficient d'avantages scandaleux, notamment de la sécurité de l'emploi, tandis que la faillite attend au tournant les plus malchanceux d'entre nous. » Autant de récriminations qui entretiennent la colère des boutiques mais n'interdisent pas au boutiquier d'orienter son fils vers la fonction publique...

Cependant, c'est chez les fonctionnaires, petits et moyens, que la gauche va chercher les gros bataillons de ses électeurs et de ses militants. Il convient donc de parler avec franchise. Les hommes sont des hommes, quelle que soit leur fonction sociale : ils aspirent à mieux vivre, à disposer de larges loisirs, ce qui veut dire « passer au bureau ou à l'atelier le moins de temps possible » et, au cours des heures de présence, ne pas user exagérément sa force de travail. Mais une question vaut d'être posée, même si elle provoque des hurlements : une attitude, disons, « réservée » à l'égard de l'effort, admissible à la rigueur sous un régime de droite, est-elle convenable dès l'instant où la gauche arrive au pouvoir ?

Il est assurément plus facile de prendre une habitude que de s'en délivrer. Qu'on se souvienne des années qui ont immédiatement suivi la Libération ! Dans la France occupée, l'indiscipline civique était un devoir. Du fait des circonstances, une foule de gens étaient contraints de vivre dans la plus totale illégalité, sous une fausse identité, sans domicile fixe, utilisant souvent des tickets d'alimentation dérobés dans les mairies, et, pour beaucoup, le devoir patriotique consistait à tuer, à voler, bref à commettre des actes formellement condamnés par la loi morale et la loi tout court. Dans la France libérée, dès qu'un gouvernement français s'est installé aux commandes, à la place de « l'autorité de fait » protégée par l'occupant, et a restauré la légalité républicaine, les pratiques illégales autorisées la veille, et même fortement conseillées, devenaient répréhensibles. Il convenait de se plier strictement au rationnement qui allait durer quelque temps encore, de renoncer à des actes permis et même recommandés de 1940 à 1944, mais qui, du jour au lendemain, redevenaient délictueux ou criminels. Eh bien, on compte par dizaines les honnêtes garçons qui, bien souvent, s'étaient comportés en héros, mais qui furent incapables de s'adapter à une vie normale, de se réinsérer dans une société policée. Certains, à la faveur des guerres coloniales de la IVe et des débuts de la Ve sont devenus des aventuriers, plus tard des « soldats perdus ». D'autres, après un passage en Corée, sont tombés dans la pure et simple criminalité, faute d'avoir su se débarrasser d'habitudes qui les avaient marqués pour la vie.

Rien de comparable, bien sûr, avec d'autres habitudes moins graves qui sont le laisser-aller, la négligence ou la course fiévreuse aux menus avantages, mais celles-ci ne vont-elles pas compromettre l'apparition de cet homme nouveau dont le socialisme a besoin et dont il doit favoriser la naissance sous peine de se condamner à l'échec.

Les mauvaises habitudes, à savoir l'affaiblissement de la conscience professionnelle, la prééminence donnée aux avantages personnels, les négligences dans le service dû au public ou à l'Etat, en définitive la crise du civisme, vont-elles disparaître du jour au lendemain ? Et si, un jour, un régime « de gauche » évoluait vers le socialisme, si celui-ci, dans un premier temps, exigeait du personnel de l'Etat un surcroît de civisme et de dévouement, sans doute même quelques sacrifices, ne peut-on redouter qu'un corporatisme étroit, si longtemps pratiqué sous le régime défunt, prépare mal le citoyen aux discipline fécondes — encore que librement consenties — et à l'activisme communautaire dont aura besoin le socialisme pour s'instaurer. En tout cas, chacun devra s'interroger en conscience pour savoir si, en régime socialiste, le terme « fayottage » doit être encore tenu pour péjoratif.

Il est en effet tristement significatif que le terme « fayottage » vienne aussitôt à l'esprit pour stigmatiser un zèle jugé intempestif. Serait-il condamnable ou indécent le comportement de quiconque prend au sérieux la tâche, si modeste soit-elle, qu'on lui a confiée, et s'acquitte avec ponctualité de sa besogne quotidienne ? Aux yeux de ses camarades goguenards ou franchement hostiles, le « fayotteur » passe pour un arriviste dont il convient de se méfier, ou pour un imbécile qu'il importe de déniaiser au plus tôt. On lui fera comprendre, au besoin par une mise en quarantaine, que sa frénésie porte préjudice à la communauté entière, dans la mesure où son ardeur au travail est une offense permanente à la paresse de ses collègues. On l'accusera de quêter les faveurs patronales. Ce « lèche-cul » ne va-t-il pas inciter l'autorité, serait-ce l'Etat-patron, à se montrer plus exigeante quant aux normes de productivité et de rendement ? Pour que s'apaise ce conflit, on ne voit guère que deux solutions possibles : ou bien c'est la masse des tire-au-flanc qui s'alignera sur le « fayotteur » — hypothèse peu vraisemblable, même Stakhanov n'y est pas parvenu — ou bien c'est la conscience professionnelle et le sens du devoir qui s'inclineront devant la flaougnardise ambiante.

Les mots « fayots, fayottage, fayotteurs » ont pris naissance dans l'argot des casernes. On veut bien admettre qu'il est souvent ridicule, le caporal nouvellement promu ou le petit sous-off'sanglé dans sa première « tenue fantoche », quand il s'efforce d'imposer son autorité, de faire honorer son petit galon ou d'exiger pour lui-même un respect que ne lui auraient sûrement pas valu, «dans le civil», ses qualités intellectuelles. Ce «fayot» est peut-être un crétin, mais c'est là une considération accessoire et d'un intérêt mineur. Crétin ou pas, le «fayot» est le garant de la solidité d'une institution — l'Armée — une institution qui a besoin de cette inflexible discipline qui doit sa force au respect du plus petit galon de laine, au plus bas d'une pyramide au sommet de laquelle les galons deviennent des étoiles, le porteur d'étoiles lui-même — cela s'est vu — serait-il aussi un crétin. On peut ne pas aimer l'Armée. On peut souhaiter l'éclosion de rapports différents entre les hommes et les gradés — des gradés auxquels on aura réussi à expliquer le sens du mot citoyen. Enfin on peut rêver d'une société idéale où l'idylle l'emporterait sur la violence et où les armées, toutes les armées en même temps, deviendraient inutiles !

Nous n'en sommes pas là. Mais ce qui demeure inquiétant, c'est la manière subreptice et insensible dont le discrédit et la réprobation qui s'attachent au fayottage ont franchi les murs de la caserne pour contaminer la société civile et y compromettre la simple et élémentaire conscience professionnelle. Nous disons bien «contaminer», tant il est vrai qu'au sein de toute collectivité, la tricherie devant l'effort s'avère plus contagieuse que le zèle. Et il faut avoir le courage de dire qu'une telle contamination du service public est un signe de décadence.

Ce qui est vrai de la fonction publique en général l'est plus encore des fonctionnaires qui détiennent une parcelle de l'autorité de l'Etat. Dans une cité idéale, une république utopique telle que Platon l'aurait conçue, le policier serait une sorte de saint, à tel point pénétré de l'importance de sa mission qu'il renoncerait sans hésiter aux droits, aux prérogatives, aux avantages reconnus à l'homme ordinaire. L'imagine-t-on chargé d'enfants et contraint, de ce fait, d'accorder à ceux-ci, à leur entretien, à leur éducation, une part de l'attention que sa fonction requiert en totalité ? L'imagine-t-on vivant en étroit compagnonnage avec une épouse moins convaincue que lui de la noblesse de son rôle, l'entraînant à des concessions, à des compromissions qui le détourneraient de ses devoirs, dans le souci évident de le rendre semblable en tous points à l'homme de la rue, dont, au contraire, son statut devrait le faire différent ? Va-t-il partager ses secrets et ses préoccupations avec une bavarde qui en alimentera aussitôt les commérages du quartier ? Plus généralement, ce sont les passions, toutes les passions, les attachements sentimentaux aussi bien que l'attirance pour le sexe, la boisson, l'argent qui devraient lui être interdits. D'ailleurs, il y aurait renoncé de lui-même, librement, en signant son engagement. Préservé de la haine, de la colère, de la cruauté, il devrait l'être aussi des apitoiements et des faiblesses qui l'éloigneraient d'un exercice rigoureux de ses obligations. Dans ces conditions, le seul mode d'existence qui nous semble lui convenir, et surtout convenir à la tache que lui confie la société, c'est le célibat, bien sûr, c'est la vie en communauté, une vie quasi monacale où la seule distraction permise pourrait être la lecture du code pénal en semaine et, le dimanche, la relecture des paragraphes du Préambule constitutionnel qui énoncent les droits imprescriptibles de l'homme et du citoyen. C'est à cette condition seulement qu'il pourrait parvenir à une disponibilité totale, susceptible de le conduire en cas de nécessité, au sacrifice de sa vie.

Comme un tel idéal nous paraît cependant difficile à atteindre, il faut se résigner à un état de fait moins honorable pour la profession policière. Les fameuses « bavures », la guerre entre les divers services, les défilés assortis de cris hostiles envers l'Etat et autres manifestations spectaculaires sont autant de signes révélateurs d'un malaise profond. Comment en est-on arrivé là ? Dans un lot de raisons convergentes, on retiendra, en vrac, sans chercher à préciser leur importance relative, le relâchement des liens qui devraient attacher un homme à sa fonction et un fonctionnaire à l'Etat (mais ce n'est là qu'un symptôme, parmi d'autres, de l'effritement des valeurs fondamentales et d'abord de la conscience professionnelle et du civisme dans une société décadente) — la contamination de la police officielle par les polices parallèles, fortement politisées, recrutées au petit bonheur pour faire face à une situation difficile et sans qu'on se soit beaucoup soucié des critères d'honorabilité — le divorce apparu entre la population et la police qui doit, en principe, la protéger mais donne quelquefois à cette « protection » une vigueur dont les intéressés se passeraient fort bien. Le policier qui, rentrant chez lui, le soir, dans une lointaine banlieue, prend la précaution de cacher son képi et sa tunique au fond d'un sac à provisions est à même d'apprécier les difficultés d'une réconciliation entre le citoyen et son protecteur.

Entendons-nous bien : il ne s'agit pas d'une hostilité de principe et, en ces temps d'insécurité, bien des Parisiens avouent leur nostalgie pour la pélerine rassurante et le vélo à guidon droit des « hirondelles » de jadis, qui sillonnaient leur quartier avec une sereine lenteur, dissuasive pour les malandrins. Et n'est-ce pas la gauche elle-même, bien qu'un épais contentieux l'oppose à « la flicaille », qui réclame l'ouverture de nouveaux commissariats dans les zones déshéritées ? Au moment où, après une longue absence, la gauche s'est approchée des responsabilités du pouvoir, elle a voulu passer l'éponge sur tout un passé qui avait vu les matraques s'abattre sur ses manifestants et les yeux de ces derniers pleurer à chaudes larmes à l'éclatement des grenades à gaz. Il fallait combler un fossé — que dis-je, un abime — entre « le militant » et « le flic », si l'on voulait doter l'Exécutif d'un bras séculier assez docile, assez efficace, pour que l'Etat pût remplir ses obligations les plus élémentaires. Mais la gauche eût sans doute préféré hériter de ses prédécesseurs une police à laquelle on pourrait donner des ordres sans être obligé de négocier d'égal à égal avec elle ; une police qui n'eût pas été « infiltrée » d'activistes au service du régime écarté par les urnes, quand ce n'était pas d'authentiques voyous. Sans doute, comme les membres de toute corporation, le policier est-il en droit d'exprimer son mécontentement lorsqu'il se juge « mal aimé », lorsqu'il considère qu'on ne tient aucun compte, en haut lieu, de ses revendications salariales ou qu'on lui refuse la considération à laquelle il prétend de la part de ses concitoyens. Mais à moins de se résigner à glisser dans l'anarchie, il devrait être exigé du policier, comme du juge et comme du soldat, dans la mesure où il incarne avec eux l'autorité de l'Etat, qu'il s'interdise de manifester ou de revendiquer d'une manière qui le conduirait à s'opposer à la puissance publique. La IVe était bien malade, lorsque, en mars 58, quelques semaines avant que le coup de force des militaires révoltés n'amène de Gaulle au pouvoir, les policiers assiégèrent le Palais Bourbon et repondirent par des acclamations à la harangue du fameux commissaire Dides, devenu député deux ans plus tôt, dans la vague poujadiste... De Gaulle lui-même, qui se flattait d'avoir rétabli l'autorité de l'Exécutif et ne cessait d'invoquer une légitimité historique, avait dû, pour combattre ses anciens partisans restés fidèles, eux, à l'Algérie française et regroupés dans l'OAS, créer une police de circonstance en qui il pût avoir confiance. Des gens de sac et de corde purent s'y refaire une virginité, dès l'instant où un casier judiciaire chargé, loin d'être un obstacle à l'embauche, augmentait les chances du candidat. Il demeure que le politicien oublieux de ses devoirs d'Etat, et qui s'efforce d'aiguiser les mécontentements des policiers pour utiliser leur colère à ses fins personnelles, risque de faire un marché de dupes car, en brisant la solidarité de fait entre ceux qui occupent le pouvoir et ceux qui le convoitent, c'est l'Etat lui-même dont ils sapent les fondements.

Tricheries
en tous genres

Frauder le fisc, voler la Sécurité sociale, pratiquer systématiquement
« la fauche » dans les « grandes surfaces », même si le gauchisme — à
l'imitation des « anars » de la Belle Epoque, a enrobé tout cela de
mobiles idéologiques — et bien d'autres tricheries...

La fraude fiscale est à ce point entrée dans les mœurs que l'administration a été amenée à l'officialiser et à faire intervenir, dans le calcul de l'assiette, un pourcentage constant de dissimulation sauf, bien sûr, pour les contribuables à revenus fixes et déclarés à qui la tricherie est interdite. Or, n'est-ce pas un vol dont nous rendons coupables au détriment de la collectivité ? Lors d'une transaction immobilière, c'est tout naturellement que le notaire demande aux parties en présence quelle fraction du prix de vente elles entendent soustraire à la ponction et glisser sous la table. S'il existe une rubrique « conseillers fiscaux », entre autres professions ayant pignon sur rue et figurant à l'annuaire du téléphone, c'est que le fraudeur peut s'adresser, en toute impunité, à un complice qui lui enseignera comment tourner la loi. Quant au bonhomme qui franchit la frontière suisse avec des dollars ou des lingots dans sa roue de secours, c'est en toute bonne conscience qu'il met ses biens à l'abri, assurant ainsi la tranquillité de ses vieux jours et l'avenir de ses enfants. Dans une société idéale où le civisme l'emporterait sur l'égoïsme, le contribuable ajouterait, de lui-même, une rallonge, afin que l'Etat vive mieux, à la somme que lui réclame le fisc. Mais les sociétés idéales n'existent que sur le papier, et encore faut-il que M.M. Thomas More, Fourrier, Cabet, Victor Considérant, et quelques autres utopistes aient bien voulu en décrire le fonctionnement.

Nous avons d'ailleurs de bonnes excuses, et des raisons valables de nous faire tirer l'oreille au moment d'ouvrir l'escarcelle. Ce sont, certes, nos élus qui, après les longues discussions de l'automne, votent le budget à la veille de Noël, et déterminent le volume autant que le détail des recettes et des dépenses. (Si l'ancienne monarchie se résigna à abandonner une part de ses pouvoirs à des assemblées de notables, ce fut, à l'origine, parce qu'elle comptait sur leur bon vouloir pour « faire entrer » l'impôt). Mais quand bien même nos élus auraient eu leur mot à dire, il nous arrive de retirer notre aval à l'utilisation qui est faite des fonds publics. Le militant laïque refusera qu'ils aillent à l'école confessionnelle. Le pacifiste s'indignera de voir l'armée gaspiller bêtement des milliards dont on aurait ailleurs le plus grand besoin. Frauder, ce serait donc une façon de protester contre une orientation des choix politiques qu'on juge déplaisante, encore que ce soit l'équivalent d'une goutte d'eau que l'on sauve ainsi du gouffre sans fond où elle se fût engloutie. Mais la protestation ne serait-elle pas plus admissible si le contribuable récalcitrant ne gardait pas « par devers lui » la somme dont il souhaitait qu'elle fût consacrée à d'autres chapitres du budget des dépenses ?

Frauder, ce serait aussi l'occasion d'extérioriser sa colère devant tant d'injustices constatées dans la répartition des charges —, un moyen, donc, de rétablir la justice dans un domaine où elle s'impose plus que dans d'autres. Fort bien, mais si le fraudeur avait, à ce point, le souci de voir s'instaurer enfin la justice fiscale, la fraude n'aurait-elle pas dû cesser d'un coup lorsque le gouvernement de la gauche, en 81, a annoncé son intention de réduire les inégalités entre les revenus, et, donc, d'aggraver la charge des riches en dégrévant les pauvres ? Au contraire, elle a pris des proportions gigantesques, et jamais les valises à double fond n'avaient éprouvé un plus grand besoin d'aller respirer l'air pur des rives du Léman.

Le militant de gauche qui, muni d'un pinceau et d'un pot de peinture allait, à la faveur de la nuit, écrire sur une muraille complice « *Faites payer les riches !* » s'il était communiste, « *Il faut prendre l'argent où il est !* » s'il était socialiste, n'imaginait pas à quel point ces mots d'ordre seraient d'une application difficile. Et s'il avait applaudi des deux mains à cet énergique propos d'un Grand Argentier nommé Vincent Auriol : « Les banques, je les ferme ; les banquiers, je les enferme ! », il avait vainement attendu la mise en œuvre de cette rodomontade. Déjà avant la guerre, l'exportation des capitaux sous des cieux plus cléments était une industrie florissante, et se conciliait parfaitement avec un patriotisme sourcilleux, volontiers cocardier. Lors d'un scandale qui éclata en 1932-33 et qui fut dénoncé, à la tribune de la Chambre, par le député socialiste Fabien Albertin, on devait apprendre que, parmi les clients des banques suisses, figuraient un général en retraite, un archevêque porteur d'un nom à particule et un marchand de meubles dont la radio vantait — et vante encore cinquante ans après — « la pérennité de sa fabrication ». On doit reconnaître que, depuis, la technique des comptes numérotés s'est constamment perfectionnée, malgré quelques anicroches, si bien qu'il nous paraissent bien optimistes ceux qui réclament, dans leurs manifestes électoraux, « le rapatriement des capitaux », comme s'il suffisait pour cela de faire appel à la bonne volonté du fraudeur et à son sens du devoir civique.

Le fraudeur a tendance, (il n'a pas toujours tort) à trouver la charge fiscale écrasante et, comme c'est pour lui une vérité d'évidence, ou d'expérience, que « l'impôt tue l'impôt» quand il atteint un certain pourcentage du revenu national, c'est donc au nom de l'intérêt public qu'il défend ses intérêt particuliers. Le confort intellectuel et la bonne conscience y trouvent leur compte. Pour le reste, il réclame à son de trompe une réforme fiscale. Quiconque a eu l'occasion de se frotter au monde politique et s'est penché sur l'histoire parlementaire des trois dernières républiques, a pu constater que le principe d'une réforme fiscale n'a cessé d'être au centre des préoccupations de chacun. Combien de ministres ont voulu associer un nom déjà célèbre à une réforme qui eût magnifiquement couronné leur carrière? Combien de rapporteurs généraux de la commission des Finances des deux assemblées — un poste envié, qui confirme la compétence de son détenteur et prépare celui-ci aux plus hautes charges — se sont demandé en vain, des nuits entières, le moyen de remplir les caisses de l'Etat sans vider les poches du contribuable, ou en les vidant avec tant de douceur que l'intéressé s'en apercevrait à peine? Malheureusement les techniques dont ils disposent ont déjà fait la preuve de leur insuffisance. Ce serait manquer d'imagination que de préconiser, après tant d'autres, une augmentation des taxes sur le tabac, les alcools, les timbres-poste et les carburants, ou encore un gonflement des impôts indirects et de la TVA, enfin de recourir à cet expédient qui consiste à rendre définitif un prélèvement imposé à titre temporaire. Et pourtant il faut s'y résigner. La seule originalité consiste à faire varier le volume respectif des sommes que l'on attend de telle ou telle de ces mesures. Mais, oserons-nous avouer que, pour chaque contribuable, la réforme idéale serait celle qui ferait payer seulement le voisin? A défaut, mais ce ne serait qu'un palliatif, on pourrait imbiber de parfum les sommations sans frais et installer des majorettes dans les perceptions...

Les excuses à la fraude laissent subsister le problème moral que pose à une société fragile l'incivisme généralisé et le problème, plus pratique, des mesures à prendre pour y mettre fin. Nous nous retrouvons là encore devant la même alternative : la trique ou la persuasion. Et dans le second cas, il reste à préciser si la persuasion a plus de chance d'atteindre le futur citoyen encore enfant que l'adulte déjà corrompu par le milieu ambiant.

Cette crise du civisme, qui conduit un pays à la décadence et le rend ingouvernable, apparaît plus qu'ailleurs dans le comportement des Français face aux institutions chargées de protéger leur santé ou de les mettre à l'abri des risques de l'existence. Constatation affligeante : une sorte d'intelligence perverse ou de génie diabolique s'emploie à dévoyer, à détourner de leur projet initial les réformes les plus généreuses. Le projet initial, on ne le reconnaît plus sous la pourriture qui l'a défiguré, lorsque l'égoïsme individuel est venu à bout d'une entreprise fondée sur la solidarité et l'esprit communautaire.

C'était, à l'origine, une idée admirable que de demander à la communauté entière de voler au secours de celui de ses membres atteint par la maladie ou victime d'un accident. C'était l'application concrète d'un vieux mot d'ordre syndical. La contribution de chacun viendrait alimenter un fonds commun et l'on puiserait dans ce fonds commun selon les besoins de chacun. Pour que le mot « solidarité » ait un sens, il pouvait arriver qu'un assujetti à la Sécurité sociale cotise toute sa vie sans demander un sou au fonds commun, tandis que son voisin y ferait appel avant de subir une opération chirugicale dont il n'aurait jamais pu acquitter les frais par ses propres moyens. Mais le premier savait cependant que « la couverture sociale » était là, prête à se déployer si sa santé se dégradait soudain, et cette certitude rassurante lui permettait d'envisager l'avenir sans trop de craintes.

Dans ces conditions, escroquer un tel organisme, recourir abusivement au fonds commun, rompre le pacte de solidarité, devient un crime impardonnable. D'ailleurs, la décadence commence, dans un pays, lorsque l'idée se répand que « voler la collectivité, ce n'est pas voler », alors que, selon une bonne logique, les atteintes à la propriété collective ou au patrimoine national devraient être bien plus sévèrement réprimées que les prélèvement délictueux opérés sur les biens des particuliers. C'est, à la lettre, une criminelle, la bonne femme qui fait en sorte qu'elle récupère intégralement, à un sou près, le montant de ses cotisations, en bourrant son armoire à pharmacie de produits « remboursables » dont elle sait la liste par cœur. (Dès lors, si l'un des siens tombe malade, ou elle-même, ils seront soignés aux frais du fonds commun auquel ils avaient frauduleusement soustrait, au préalable, le montant de leur participation.) C'est une criminelle, la bonne femme qui se vante de multiplier par deux, chaque année, la durée de ses vacances, grâce à une cure qu'elle s'est fait prescrire par un médecin complice pour une maladie imaginaire. Et ce genre de fraude est d'autant plus affligeant quand il est pratiqué dans des milieux modestes qui, par conscience de classe autant que par intérêt, devraient être plus attentifs que les cadres supérieurs au bon fonctionnement de l'institution.

La responsabilité personnelle des médecins est évidente dans l'affaire, mais, quand les mécanismes d'une société sont déréglés du haut en bas, que peuvent-ils faire ? Ils sont pris dans un engrenage auquel, le voudraient-ils, ils ne pourraient échapper. Pour les gens simples, un « bon docteur » est celui dont les ordonnances sont les plus longues. Au contraire, s'il est l'ennemi des médicaments et limite leur emploi au strict nécessaire, il passe pour un original, un farfelu et l'on hésite à lui faire confiance. Le « bon docteur » est aussi celui qui prescrit un « arrêt » de huit jours à qui veut repeindre sa cuisine ou « travailler au noir ». On veut croire que, lorsqu'il a dû, pour la première fois, commettre cet acte délictueux, le jeune médecin s'est trouvé devant un douloureux problème de conscience. Ce qui l'a sans doute décidé à sauter le pas — qui le lui reprocherait ? — c'est la conviction qu'un de ses confrères moins scrupuleux accorderait ce qui lui-même aurait refusé au risque de voir s'effilocher sa clientèle. Est-il besoin de souligner les conséquences de telles pratiques, lorsqu'elles se généralisent, sur les finances publiques ? Le déficit dont souffre le budget social de la nation n'a pas d'autre origine qu'une défaillance du civisme, si grave qu'elle en est devenue quasiment institutionnelle. Mais qui peut se flatter de n'avoir jamais, au grand jamais, commis la moindre fraude, le moindre écart de conduite qui témoignerait d'une indulgence coupable envers l'incivisme ?

Ardeur
au travail
ou
ardeur
au repos...

Faut-il les condamner, ceux qui, dès le premier jour de janvier, calculent, leur agenda en main, combien de « ponts », autour du 1ᵉʳ Mai, du 14 Juillet ou du 11 Novembre, les éloigneront du bureau, de l'atelier ou de l'usine, pour une rallonge du loisir ? Les condamner, ou plutôt les plaindre s'ils trouvent si peu de joie dans le travail qu'ils ne songent qu'à s'y soustraire, eux qui, d'autre part, oublient de vivre onze mois par an pour rêver au douzième, penchés sur les dépliants colorés des Caraïbes où, peut-être, ils n'iront jamais ? Faut-il les condamner ou les plaindre, ceux qui répugnent à l'effort dans le travail et pour qui le seul effort estimable consiste à courir à demi-nus, jusqu'à l'épuisement, autour d'un jardin public ?

Ne jouons pas les pères-la-vertu : il est dans notre humaine nature de travailler le moins possible et de rechercher avant tout les plaisirs de la vie. Mais, là comme ailleurs, nous sommes menacés par une forme subtile et doucereuse de décadence. On admet fort bien que la machine avait pour destination de diminuer la peine des hommes — des hommes et des femmes. L'imagination des chercheurs devait naturellement s'orienter vers la découverte des instruments ou des techniques qui éviteraient au travailleur les fatigues qui font de lui une bête de somme et l'usent prématurément après une existence où il n'aura connu que l'assujettisement à un labeur sans joie. De même on eut raison d'accueillir avec des chants de victoire l'apparition des machines qui allaient libérer la femme des besognes fastidieuses de l'esclavage domestique. Tout cela est fort bien, mais Cassandre nous attend au tournant pour nous rappeler que, dans cette voie, il faut savoir s'arrêter à temps. C'est une frontière indécise qui sépare progrès et décadence. Ce n'est pas la première fois que par l'ajout d'une dose infinitésimale, le quantitatif nous joue en catimini un tour de sa façon et vire au qualitatif. Ce seuil, l'avons-nous franchi en entrant dans la civilisation du gadget ?

Les historiens et les sociologues s'efforcent de retrouver les jalons et les signes concrets qui, dans l'évolution de nos sociétés, ont valeur de symbole. Oui, ce furent des conquêtes remarquables de la condition humaine que la substitution de la charrue à la bêche dans l'agriculture, ou le dressage des animaux de trait. Ceux-ci, grâce au joug ou au collier, devenaient à leur tour les esclaves d'autres esclaves, nos ancêtres, déjà engagés sur la voie de l'émancipation où la brouette, la poulie et la grue marqueraient de nouvelles étapes. Enfin, devait intervenir le cheval-vapeur pour éliminer à peu près totalement, dans les pays les plus avancés, le cheval de trait et décupler les moyens de l'homme. N'insistons pas, tout le monde est au courant. Mais nous, les Français de la fin du XXe siècle, où en sommes-nous ? Quel est l'objet qui symbolise notre étape, qui donnera tout son sens à notre passage sur la planète ? Un objet qui saura utiliser magnifiquement les atouts nouveaux et décisifs que l'électronique fournit à l'intelligence créatrice ? Pauvres de nous, cet objet dont nous devrions tirer une orgueilleuse fierté, dont nous devrions broder l'image sur les étendards de notre triomphale chevauchée vers l'avenir, risque d'être, pour les siècles à venir, le signe évident de notre abaissement.

Quel objet ? Oh, il tient peu de volume, encore qu'il renferme dans ses dimensions réduites, en une sorte de condensé d'une infinie richesse, tout ce que les cerveaux les plus inventifs ont créé depuis cinquante ans — le nec plus ultra de la science moderne. Ils peuvent s'aligner — c'est le cas de le dire — ils peuvent se présenter sur la ligne de départ pour participer à une compétition étalée sur des siècles et sur cinq continents, mais ils sont vaincus d'avance, le joug, le collier et même le moteur à explosion qui illustrèrent les étapes passées. Ils ont bonne mine les artisans de jadis, ces vulgaires bricoleurs restés anonymes qui, avec un mauvais couteau, tailladaient le tronc d'un chêne — quel gaspillage ! — pour en extraire un carcan à deux places destiné à asservir deux taureaux, ou ces bourreliers des premiers âges qui, désolés de constater que le cheval n'eût point de cornes où accrocher le timon, remplirent de crin un sac de cuir afin que l'animal pût déployer toute sa force sans que ses épaules en fussent blessées... Enfoncés, les symboles d'hier... Notre objet marque le triomphe éclatant des techniques de pointe...

Un boîtier en matière plastique, de forme parallélipipédique et de couleur noire, agrémenté de boutons différemment colorés... Ce boîtier, gardez-vous bien de l'ouvrir. Une multitude de fils, multicolores eux aussi, vous sauteraient au visage et vous ne sauriez plus qu'en faire. Le précédent de la boîte de Pandore est là pour vous inciter à la prudence... Autre danger : la vue de ces fils multicolores aggraverait encore les nombreux complexes qui vous habitent depuis peu. Le coup serait trop dur pour l'adulte moyen, déjà traumatisé par une avalanche de mots en « ique » (ceux que ça intéresse, ou que cela écœure, en trouveront la liste complète sur le catalogue illustré du SICOB) — des mots terribles, propres à déstabiliser son équilibre intellectuel et à le convaincre qu'un fossé infranchissable sépare désormais les spécialistes de la science d'aujourd'hui (ou les enfantelets déjà adonnés à l'électronique) et l'incurable crétin qu'il est devenu, malgré une connaissance appréciable de la science d'hier et une culture dont il n'était pas peu fier mais qui a, depuis, perdu toute valeur...

Il est peut-être temps de dire à quoi sert cette boîte noire. Tout simplement, à encourager notre fainéantise... Mais ici, nos « spécialistes » vont triompher, et ils ont, c'est vrai, la partie belle. Ils nous diront que ce reproche peut s'appliquer indifféremment et rétrospectivement à toutes les machines, inventées au cours des millénaires, pour rendre le travail humain moins pénible, et qu'à ce compte la charrue, le marteau-piqueur, le bulldozer, le vulgaire camion qui a éliminé le portage à dos d'homme, la machine à laver le linge ou la vaisselle tomberaient sous le coup du même opprobre. Pas si vite, spécialistes toujours prêts à ajouter le sophisme à vos spécialités... Essayez d'imaginer la scène.

Voici un bonhomme affalé au creux de son fauteuil, la boîte noire dans les mains, le doigt sur un des trois boutons... Le bonhomme est en train d'absorber sa ration quotidienne d'images. Mais, estimant peut-être, que les géniales exhibitions de M.M. Guy Lux, Bouvard, Colaro ou Jacques Martin ne peuvent être dégustées qu'à faible dose, l'envie le prend de changer de chaîne. Ou encore s'était-il lassé de voir dégouliner en flots sirupeux la débilité mentale ou déferler la calembredaine ordurière. Cette volonté de changement va le conduire sur les pentes de l'Himalaya, grâce à un reportage de la « une », sur la peste bubonique qui y sévit, dit-on, à l'état endémique ou au Far-west où le convie la « 3 » pour un western endiablé. Mais elle exigerait de lui qu'il quitte son fauteuil et franchisse, en trois pas, les deux mètres cinquante qui le séparent de son poste.

Eh bien, ces deux mètres cinquante, il faut croire que c'était trop. Les franchir, c'était accomplir un de ces travaux pénibles, insupportables à l'homme d'aujourd'hui, l'équivalent de ces besognes que l'on confie si volontiers à un immigré, dont on trouve, d'ailleurs bientôt, insupportable elle-aussi, la présence en France? Ici, c'est la boîte noire qui tiendra lieu de Maghrébin ou de Portugais. Se lever, pour cinq secondes, de son siège moelleux, le temps de titiller un manicraque et de se rasseoir aussitôt, est-ce un effort si grand qu'il faille faire appel à la machine? Faut-il l'assimiler au gros terrassement, au défonçage, au pic et à la pelle, des rues et des trottoirs, auquel excelle la main-d'œuvre étrangère, sous l'œil vigilant d'un contremaître français? Ces trois pas vers la diversification du divertissement, serait-ce une épreuve aussi douloureuse que les dix heures ininterrompues du routier à son volant ou que ces fameuses cadences infernales qui ont fait la mauvaise réputation du travail à la chaîne?

Il ne s'agit, bien sûr, ici, que d'un symbole, et l'on nous pardonnera un coup de colère, qui nous situe en porte à faux, face à la ruée vers le gadget. On appréciera, à travers le symbole, la manière dont une idée juste peut se dévoyer, dont un principe, répondant aux intentions les plus nobles, en vient à se pervertir. Il est respectable le souci de traquer l'effort pénible, mais faute de s'être fixé une limite, c'est à l'effort tout court qu'on déclare la guerre, l'effort nécessaire pourtant à notre équilibre physique et mental. Quels mollassons deviendront-ils, les enfants d'aujourd'hui, formés à l'école du sybaritisme? Tristes crétins, qui croyez faire le bonheur des têtes blondes en leur évitant toute difficulté, en écartant tous les obstacles de leur route! Ah! vous leur mijotez de beaux jours, pour quand vous ne serez plus là et que se fermera, faute de gérant, votre boutique d'Europe-Assistance à usage familial. Et vous croyez leur rendre service, les préparer à une existence où il faudra se battre, même pour avoir le droit de travailler? Et, dans un mic-mac où s'entrechoquent des intentions louables et des démarches absurdes, où le nécessaire côtoie le superflu ou le nocif, saura-t-on démêler ce qui contribue au progrès et ce qui conduit à la décadence?

Les enfants, parlons-en, élevés comme on a, ces temps-ci, tendance à le faire... Il y a cinquante ans, quand le gamin rentrait de l'école avec un zéro à son dernier devoir ou une mauvaise note de conduite pour quelque incartade ou quelque impolitesse envers le maître, il recevait une taloche et, la sanction familiale se surajoutant à celle de l'école, il restait enfermé, le jeudi suivant, devant son devoir à refaire. Il arrivait même qu'on l'envoyât présenter ses excuses au maître qu'il avait offensé...

L'heure n'est pas de s'attendrir sur le bon vieux temps. Nous n'allons pas réclamer la remise à l'honneur des châtiments corporels qui, comme chacun sait, humilient, traumatisent, perturbent, sans oublier les inguérissables blessures infligées à la dignité. Quant au repos du jeudi, transféré au mercredi pour équilibrer une semaine, elle-même amputée de son samedi pour faciliter l'exode familial en direction des verts pâturages, on sait qu'il est sacré, et voué aux activités physiques ou sportives. «Mens sana in corpore sano», voyons ! Mais enfin, il est permis de noter les stades successifs de l'évolution des mœurs. Ce n'est pas pour sacrifier à un attachement malsain au passé, mais pour y trouver des éléments de comparaison. Donc, dans le passé, les parents, sauf exception et par principe, donnaient raison au maître, même s'il avait tort. Ils imaginaient, non sans quelque raison, que l'enfant se pénétrerait plus volontiers, et plus aisément, des vérités qui constituent le savoir, s'il respectait l'homme chargé de les lui dispenser. Et si, par hasard, le maître avait tort, il y avait encore une leçon bien utile à donner à l'élève : lui faire comprendre que la justice n'est pas de ce monde et qu'il n'a à attendre de la vie qu'une indulgence relative. Bref, on donnait toujours raison au «prof».

Un demi-siècle plus tard, la même scène se reproduit. L'écolier arrive à la maison avec ses mauvaises notes. La réaction du père est immédiate : «Je vais aller casser la gueule à cet enfoiré». Et il y va... Cet enfoiré qui se permet de méconnaître les dispositions exceptionnelles du gamin pour les études, ne s'est-il pas rendu coupable d'une offense à l'honneur d'une famille ?. Il fallait l'en punir...

On nous répliquera que les enseignants d'aujourd'hui n'ont, bien souvent, ni le niveau intellectuel ni la conscience professionnelle de ces véritables apôtres que furent généralement les enseignants d'autrefois. Il est également vrai que bien des facteurs ont concouru à l'effritement de leur prestige, ainsi la modicité de leurs traitements et les excentricités de certains d'entre eux. Et puis, le monde a changé. Autrefois l'instituteur était, en concurrence avec le curé et le médecin, l'homme instruit du village. De nos jours, bien des parents d'élèves sont plus cultivés que lui, ce qui modifie singulièrement de rapport des forces. Et puis voudrait-on que les vocations à l'apostolat pédagogique se perpétuent dans un pays submergé par la veulerie et la préoccupation exclusive de l'intérêt personnel? Dans une société où tout s'effiloche, où les valeurs communautaires et l'esprit collectif sont sans cesse bafouées, peut-on demander aux enseignants d'être des saints? C'est déjà beaucoup qu'ils poussent l'héroïsme jusqu'à descendre dans la fosse aux lions où les attendent, comme au coin d'un bois la nuit, trente ou quarante voyous, rebelles à l'étude et à la discipline, l'injure à la bouche ou le poing tendu. Ils n'ont peut-être rien trouvé de mieux à faire et ne sauraient rien faire d'autre pour gagner leur vie. Mais est-ce une raison pour leur «casser la gueule»?

En tout cas, la violence paternelle procède d'une philosophie simpliste, au nom de laquelle le bonheur d'un enfant exige que lui soit épargnée la moindre épreuve. Après tout, n'existe-t-il pas aussi une autre boîte noire en matière plastique, où il suffit, là encore, d'appuyer sur un bouton, et qui le dispensera d'apprendre la table de multiplication?

Le
Roi-Soleil

Compte tenu des préoccupations du plus grand nombre et de la primauté reconnue au loisir, il fallait bien que « la météo » prît un jour une telle place dans nos vies. La voilà au rang des rubriques essentielles dans la presse écrite, et il est fréquent que les journaux parlés et télévisés « ouvrent » sur le temps qu'il fera le week-end suivant. Nous voici donc aussi soucieux des intempéries à venir que les équipages bretons partis au loin pêcher la sardine, ou que le viticulteur languedocien dont une grêle inattendue anéantirait la récolte. Mais ceux-là craignent pour leur vie ou pour leurs moyens d'existence. Nous redoutons, nous, un dimanche gâché qu'une pluie persistante condamnerait au scrable.

Il ne saurait être question de jouer ici les moralistes hargneux et de préconiser un retour à la rigueur spartiate. La météorologie (et il nous est naturel, nos loisirs étant en cause, d'amputer paresseusement le mot de ses trois dernières syllables afin de diminuer d'autant l'effort demandé aux lèvres et au larynx...) La météo, donc, tend à devenir une science pas trop inexacte, à laquelle les satellites explorant l'azur apportent, nous dit-on, d'utiles indications. Déjà, en 1940, les cours de «météo» de l'École de l'Air étaient bourrés de formules mathématiques et les logarithmes intervenaient déjà dans la prévision des orages. On imagine que, depuis, la recherche dans ce domaine aura fait quelques progrès, encore que la prévision professionnelle ne soit pas à l'abri de gigantesques bévues. Celles-ci ne nous découragent pourtant pas de nous adresser en confiance à une institution qui se flatte de nous apporter à domicile notre ration anticipée de plaisir bucolique.

Cette météo à prétention scientifique, qui ne semble pas avoir souffert des élucubrations d'aimables charlatans et a rendu à la pêche, à l'agriculture, à la navigation aérienne, des services si éminents, pouvait-on empêcher qu'elle vînt battre la mesure de nos activités des fins de semaines ? Ne sommes-nous pas directement, étroitement tributaires du temps qu'il fait ? Peut-il échapper à une morosité grisâtre, celui qui regarde tomber la pluie à travers une vitre ? Une civilisation, la nôtre, résolument tournée vers la migration dominicale n'allait pas refuser l'apport de la science à une affaire à ses yeux essentielle : connaître à l'avance les conditions extérieures qui feront de cette migration une réussite ou un désastre.

Mais ne sommes-nous pas dupes de nous-mêmes ? «Prévoir» permet tout au plus de régler sa vie sur les caprices du temps ; en aucun cas de rendre celui-ci plus docile. Certes, des efforts dans ce sens ont été tentés. Dans ce déjà lointain passé ou l'URSS en était encore au stade de l'audace intellectuelle, le communisme dans sa phase ascensionnelle envisageait de modifier les climats en dynamitant les montagnes, en détournant les fleuves ou en déplaçant les masses liquides. Les ambitions de la gérontocratie actuellement au pouvoir sont plus limitées ou orientées ailleurs. Chez nous, les fusées paragrêles ont borné les leurs à envoyer la grêle sur le village voisin, mais sans détruire pour autant le nuage porteur de catastrophes. Notre curiosité pour «le bulletin météo», les titres de gloire conquis par Albert Simon, Alain Gillot-Pétré et quelques autres nous donnent l'illusion naïve d'avoir su maîtriser les éléments parce que nous avons percé le mystère de leurs déchaînements. Mais notre dépendance reste entière, et mettre en cause l'anticyclone des Açores ne nous met pas à l'abri de ses fantaisies.

Préférer le beau temps à la pluie, passe encore! Mais cette obsession du baromètre... Ce culte exclusif du dieu soleil... Notre génération fatiguée et craintive veut-elle se priver, et priver les suivantes, de la giffle mouillée du vent sur les pommettes? Préfère-t-elle la chaise-longue à la course dans les orages — au propre et au figuré? «Laissons ces demi-fous partir pour le tour du monde, une simple voile sur leur frêle esquif, virils par délégation, en notre nom, à notre place». C'est la frilosité générale qui oblige, par réaction, ces têtes brûlées à rechercher stupidement le hâle des embruns sur toutes les mers du globe, et les mauviettes que nous sommes devenus, sensibles avant tout au chaud et au froid, les regardent partir en leur criant «bon vent!» quittes à nous exalter au récit coloré de leurs exploits... Adieu les «orages désirés» que Châteaubriand attendait du ciel en colère! Notre destin est lié aux orages redoutés du bulletin d'Albert Simon... Et à qui reprocherait au moraliste d'exagérer, il sera demandé si d'autres n'avaient pas exagéré en sens inverse.

Allez
vous rhabiller !

Si c'est se montrer «réactionnaire» que déplorer un certain débraillé dans la tenue, nous acceptons l'étiquette, mais nous attentons qu'on nous démontre en quoi le débraillé, lui, est «révolutionnaire». En attendant, on nous permettra de ne voir, dans les extravagances vestimentaires, dans les diverses fantaisies qu'autorise l'agencement de la pilosité faciale ou cranienne, dans les libertés que l'on prend avec l'hygiène et dans les infractions, constatées de tous côtés, aux règles les plus élémentaires de la décence, que les signes extérieurs d'un dangereux laisser-aller, qu'un pas de plus vers la décadence — en aucun cas un progrès, une étape vers la libération de l'homme et de la femme, une victoire sur d'insupportables contraintes ou une promesse d'émancipation.

Tout commence d'ailleurs à l'école, mais celle-ci subit l'inévitable contre-coup d'un relâchement des mœurs dans la société adulte. Il serait bien reçu, le chef d'établissement qui se permettrait de déclarer la guerre aux longues tignasses luisantes de crasse, aux blue-jeans délavés ou effilochés, et qui interdirait de fumer en classe. Ne se trouverait-il pas quelque association de parents d'élèves pour dénoncer cet attentat contre la liberté, peut-être même contre la « créativité », dans la mesure où des brimades intolérables risqueraient de compromettre l'épanouissement de précieuses virtualités ? Et quelle avalanche de protestations indignées, de pétitions au vitriol si une directrice de lycée prohibait le maquillage polychrome et la robe au ras des fesses, sous le prétexte qu'ils conviendraient mieux à un va-et-vient professionnel sur les trottoirs de Pigale qu'à une scolarité sérieuse ! Et que n'entendrait-elle pas, la brave dame si, responsable d'un lycée mixte, elle osait demander à ses filles d'attendre la sortie pour se faire peloter par leurs condisciples mâles. Et pourtant, elle aurait raison...

Mais attention ! Ce n'est pas ici le chant du cygne que psalmodierait le puritanisme alarmé par le déchaînement de la chiennerie, bien au contraire. Le pelotage est une activité noble et infiniment respectable. Le sein est une des plus belles réussites de la Création, et ce fut lui rendre un juste hommage que d'avoir exposé, à la villa Borghèse, sur un socle drapé de velours noir et offert à l'admiration des foules, le sein, taillé dans l'albâtre, de Pauline, la sœur coquine de l'Empereur. Si, par hypothèse, c'est à un Créateur que l'on doit ce chef-d'œuvre, convenons qu'il fut, ce jour-là, bien inspiré. (Mieux inspiré assurément que lorsqu'il inventa moustiques et serpents, ou quand, dans l'évidente intention de nous nuire, il mêla subrepticement des champignons vénéneux aux champignons comestibles, et les fit, pour nous mieux tromper, semblables à ceux-ci, ce qui cadrait assez mal avec l'infinie bonté dont on le crédite. Mais passons : ce n'est pas le jour de polémiquer, mais de célébrer, dans les convexités pectorales, la huitième merveille du monde.) Oui, mais voilà : le sein réclame un culte aussi fervent que discret. L'ombre de l'alcôve lui convient mieux que le porche bruyant d'un lycée. Et il est un tantinet ridicule, le galopin tout fier de sa conquête, et qui, quasiment mélangé à la fille, l'un et l'autre debout contre un lampadaire, la caresse ostensiblement, à la fois pour épater les copains, braver les autorités, conchier les moralistes, et laisser entendre aux passants qu'il accomplit ainsi l'acte révolutionnaire du siècle, alors qu'il a, tout simplement, mal digéré les séquelles de mai 68. Serait-il scandaleux qu'un proviseur exige, dans sa boîte, le respect de la discipline, conçue non pas comme une brimade, mais comme le moyen de rendre les études plus profitables à tous, et qu'il impose à ses élèves une tenue correcte, dans la mesure où la corrélation est évidente entre le débraillé de la tenue et le débraillé de l'esprit ?

Un ardent soixante-huitard, devenu aujourd'hui un quadragénaire chargé de famille et revenu de bien des illusions, menait campagne jadis, comme ses compagnons des barricades, contre le cours magistral, auquel il préférait de libres discussions, d'égal à égal, avec un prof' descendu de son estrade pour siéger au milieu de son auditoire. Ainsi, pensait-il, ce ne serait plus une vérité formelle, brutale et intangible qui ruissellerait du producteur au consommateur, du maître à l'usager, mais un savoir moins dominateur, qui résulterait d'un échange de propos, conflictuel à l'occasion, et pour leur commun profit, entre gens de bonne compagnie, entre ceux qui ne seraient déjà plus des élèves et celui qui cesserait de se vouloir leur maître. « Au fond, lui disait-on, tu veux faire la classe à ton prof», mais il admettait fort bien de potasser, seul, le soir, dans sa chambre, le cours magistral du même prof', dès lors qu'il ne serait pas prononcé du haut d'une chaire, mais publié aux Presses universitaires de France... Allez comprendre !

Quand un chef d'Etat réclame pour lui-même le respect qui est dû à la République et aux institutions représentatives de la nation, quand il institue son propre culte, quand il invoque, comme de Gaulle, une prétendue légitimité dont l'histoire et la Providence l'auraient revêtu d'un commun accord, ou quand il prétend, comme Giscard, rétablir l'étiquette royale en vigueur sous Louis XV, il est juste, il est sain, il est tonique de dénoncer l'imposture. L'insolence devient un devoir et l'impertinence se doit de retrouver, pour fustiger les charlatans et leur majesté de pacotille, les accents du père Duchêne. La démocratie est en droit, à l'inverse, de se montrer intransigeante et de ne tolérer, à son encontre, la moindre marque d'irrespect.

Dans un vieux manuel d'instruction civique, en ces temps lointains où cette discipline était jugée nécessaire à la formation des jeunes Français, une gravure naïve représentait un dimanche électoral dans la mairie d'un petit village. Le maire, en redingote et cravaté de noir, recevait, dans sa main gantée, le bulletin qu'il allait introduire lui-même dans l'urne, et l'électeur qui venait de le lui confier avait mis, pour la circonstance, le costume de cérémonie qu'il avait sans doute acheté, jadis, pour se marier. Tout, dans l'attitude des deux hommes, témoignait d'un infini respect pour le geste qu'ils accomplissaient. Avaient-ils conscience, l'un et l'autre, de la gravité de cet instant? Avaient-ils une pensée émue pour leurs aînés, dont les combats opiniâtres et les sacrifices avaient abouti à l'obtention du droit de vote? On aurait tort de sourire : l'ironie n'est pas de mise lorsque sont en cause des conquêtes qui ont coûté si cher et ont permis à un peuple de faire un pas de géant. Si, par la suite, des politiciens ambitieux et cyniques ont dévoyé et corrompu les institutions démocratiques, puisse le souvenir demeurer vivant des premiers républicains de France qui voyaient, dans un petit carré de papier blanc, la promesse que leurs misères finiraient et. qu'une société fraternelle s'instaurerait enfin dans un monde en paix. Leur communion partagée dans une généreuse espérance les conduisait jusqu'à l'urne avec la même ferveur que le croyant aux marches de l'autel. Et le souci de se vêtir correctement révélait une même déférence.

Sans doute, la tenue vestimentaire n'est-elle qu'un signe, le civisme a-t-il d'autres exigences, mais le débraillé accompagne une fâcheuse désinvolture. Est-il exagéré de penser qu'il la suscite? Est-ce une coïncidence si le débraillé a fait son apparition dans les couloirs du Palais-Bourbon dès que le régime gaullien eut confiné les parlementaires dans un rôle de simple figuration? La IVe, disait-on, était un «régime d'assemblée», comme la Convention, et ce «précédent terrifiant» hantait les cauchemars des partisans inavoués d'un Exécutif omnipotent, décidés à tout pour installer de Gaulle au pouvoir. C'est pour remplacer ce régime d'assemblée que de Gaulle demanda à son Debré de lui fabriquer une constitution d'inspiration monarchique. Le centre de gravité de la vie politique passerait de la rive gauche à la rive droite de la Seine, mais, alors que l'Elysée allait désormais s'imposer un protocole calqué sur l'ancien régime, on entrerait au Palais Bourbon en tenue de chasse ou de pêche. Ce sont les photographes et les gens de la télévision (ils ne peuvent, paraît-il, travailler qu'en blouson et en espadrilles) qui lancèrent la mode, et avec une telle arrogance que les huissiers n'osèrent s'interposer. (Il est vrai que ces messieurs de la pellicule ont une aptitude particulière à perturber, par leur encombrant culot, les cérémonies les plus compassées...) Depuis 58, donc, fini le comportement respectueux que l'on exigeait auparavant de quiconque pénétrait dans le Temple des lois.

A cet égard, la petite histoire parlementaire a retenu un incident significatif. C'était, croyons-nous, au temps de la deuxième Constituante. Nous étions au plus chaud de l'été, mais l'assistance était nombreuse, car les débats constitutionnels donnaient lieu à des joutes oratoires de belle qualité et chacun en devinait l'enjeu. Soudain, on vit entrer dans l'hémicycle un jeune député, nommé Patrice Bougrain, vêtu d'une chemise Lacoste à col ouvert et d'un pantalon de zouave en taffetas noir et luisant. Son arrivée fit scandale. Au même moment, sur un mot d'ordre chuchoté d'un bout à l'autre de la tribune des journalistes, ceux-ci abandonnèrent veston et cravate. Ce que voyant, Madame Germaine Peyrolles, qui présidait, fit expulser le perturbateur, mais, au moment même où il franchissait la porte de sortie, les journalistes s'étaient à nouveau rhabillés et cravatés. De nos jours l'excentricité passerait presque inaperçue. A quand la présidence en caleçon de bains et les deux pieds sur les pupitres ? Faudrait-il y voir un progrès ?

Des héros
à aimer...

On juge une société, et c'est particulièrement éclairant dans une société guettée par la décadence, d'après les types humains qu'elle propose à l'admiration des foules et les héros qu'elle leur apprend à aimer. La technique diffère selon la nature du régime, autoritaire ou libéral.

Dans le premier cas, le dirigisme l'emporte et rien n'est laissé au hasard : le pouvoir a fabriqué un type de héros « positif » qui, à travers les romans, le cinéma, les bandes dessinées pour enfants, bref toutes les voies d'accès à l'esprit ou au cœur, va servir de modèle à une pédagogie morale, systématique, obsessionnelle, qui doit sa force à la répétion, à un intense pilonnage. Les résultats ne répondent pas malheureusement toujours, ils répondent même rarement à l'énormité de l'effort, et cela pour plusieurs raisons. Tout d'abord parce qu'un héros positif est un héros emmerdant. Le héros positif de l'Union Soviétique est victime de sa perfection même. Bon père, bon époux, travailleur d'élite, toujours prêt à entraîner ses camarades à l'effort, à les catéchiser par sa prédication et son exemple, on ne sait par où le saisir. Sa surface est trop lisse... Pas la moindre aspérité où s'accrocher pour aller jusqu'à lui. D'ailleurs, en aurait-on envie quand, de lui, on sait déjà tout, quand, avec lui, on est à l'abri des surprises et l'on devine quelles seront ses réactions devant l'événement le plus imprévisible. On lui souhaiterait un vice, une faiblesse. Ivrogne, obsédé sexuel ou sado-masochiste, il aurait le moyen d'attirer et de retenir l'attention. Avec lui, rien à espérer, car la vertu lui donne une sorte de transparence et le rend interchangeable parmi ses contemporains aussi transparents que lui (sur le papier, bien sûr).

A cette raison de fond vient s'ajouter une erreur de méthode. Que n'écoute-t-on les sages conseils des éleveurs d'oies du Languedoc ou d'Aquitaine! Ils nous diraient que, lorsqu'ils gavent leurs bêtes, il leur faut savoir s'arrêter à temps, sinon l'indigestion de maïs pourrait être mortelle. Le héros positif, si vous en mettez partout, provoquera lui aussi l'indigestion et le public réagira à l'inverse de ce que vous souhaitiez. Le beau résultat quand les cobayes soumis à une telle éducation morale viendront vous dire ou vous faire comprendre que «ce héros positif», il leur «sort par les naseaux»... Et vous n'empêcherez pas qu'ils cherchent ailleurs des héros moins positifs. Avec ses chansonnettes ruisselantes de connerie qui se promènent sur les ondes et que les garde-frontières ne peuvent arrêter, l'Occident est prêt à prendre la relève et à les gaver à son tour, mais de héros négatifs.

La troisième raison des échecs de cette pédagogie par imprégnation massive tient à la nature humaine. Les hommes sont ce qu'ils sont, avec un dosage variable de qualités et de défauts, et les régiments de salauds qui entourent une escouade de saints contribuent, forcément, à faire baisser la moyenne. Pourquoi leur proposer un idéal si élevé, si éloigné de la mesure commune qu'il décourage à l'avance toute velléité de l'atteindre? Alors, on va faire semblant. On va célébrer en paroles une vertu que l'on exècre dans le secret de son cœur et que l'on bafoue journellement dans sa vie privée. Les excès du moralisme engendrent forcément l'hypocrisie et le héros positif, formé aux austères leçons du marxisme-léninisme, donnera naissance à une génération de pharisiens qui chanteront les louanges de la propriété collective tout en pratiquant l'appropriation individuelle. Et un jour peut venir où même une discipline de fer et un régime policier n'empêcheraient pas le glissement vers la décadence.

Les types humains à l'honneur dans l'Occident bourgeois sont évidemment d'une autre nature, dès l'instant où l'admiration est spontanée et où l'Etat n'intervient pas directement pour les imposer. Est-ce à dire que nous ne sommes pas manipulés à notre insu ? N'existe-t-il pas, quelque part, un chef d'orchestre clandestin qui, en lançant une mode, nous guide dans nos choix et nous dicte nos goûts ? D'ailleurs, même dans ce cas, on ne nous impose pas un modèle unique, mais un copieux échantillonnage de héros négatifs, et s'il subsiste une volonté de promouvoir, à travers un héros, un idéal humain, c'est par le moyen d'une imprégnation subtile, indirecte et sophistiquée qui ne risque pas de rebuter le client.

Il est admis, une fois pour toutes, qu'on ne fait pas de « bonne littérature avec de bons sentiments ». Cela justifie par avance le recours massif aux mauvais sentiments pour faire, bonne ou mauvaise peu importe, une littérature d'où les bons sentiments seront exclus. Si l'on s'amusait à établir une fiche signalétique sur chacun des personnages des romans publiés chaque année à la veille des prix, on n'y trouverait, évidemment, aucun héros positif comme il en pullule dans la littérature de patronage, catholique ou communiste, ou chez la comtesse de Ségur née Rostopchine, mais un catalogue hallucinant de névrosés, de satyres, d'impuissants, de pédérastes, de paranoïaques, d'assassins, de voleurs, bref un large éventail de tous les vices connus, de toutes les perversions répertoriées. Et, au lecteur qui s'excuserait presque d'être resté normal face à une telle accumulation, qui s'étonnerait d'une peinture aussi systématiquement pessimiste de l'espèce humaine, il serait répondu : « Vous n'avez rien compris. Nous n'écrivons pas pour vous fournir des modèles à imiter. Laissons aux enfants la tentation naïve de se substituer aux personnages admirables des histoires qu'on leur raconte : Vercingétorix, Bayard, Du Guesclin, Danton, Louis Pasteur, ou encore Roland le preux, le Cid campeador, Julien Sorel ou

Robin des bois. Nous voulons que la société, telle qu'elle est vraiment, se retrouve dans nos écrits, comme si elle se regardait dans un miroir. Pourquoi effacerait-on du paysage les monstres qui nous entourent ? D'ailleurs, nous sommes tous des monstres...»

Quelle musique ! Quelle levée de boucliers si le pouvoir, sans exercer de censure au sens concret du terme, faisait timidement remarquer qu'à vouloir pousser si loin le réalisme des cas particuliers, on risquait de déformer quelque peu la réalité de l'ensemble ! Aussi le pouvoir libéral ne songe t-il pas à intervenir. Il n'existe pas un dirigisme étatique qui s'efforcerait d'utiliser le roman et le cinéma pour façonner, sinon une âme collective (ce mot a-t-il un sens ?) du moins pour donner naissance à un large consensus autour de quelques valeurs morales essentielles sur lesquelles pourrait se fonder la vie collective. Un romancier qui, à la mode soviétique, nous proposerait un modèle de vertu civique ou domestique et nous inviterait, implicitement, à l'imiter — ce fut, à ses débuts, l'ambition d'un André Stil — n'obtiendrait de la critique qu'un sourire de pitié et du public qu'un souverain mépris. Mais si l'Etat libéral s'interdit la direction de conscience et le prêchi-prêcha, si l'éducation par le livre est réservée à une élite, la formation civique du citoyen de deuxième classe est, en fait, confiée ou abandonnée à l'initiative privée, et, notamment, à ces trois modes de communication de masse que sont le cinéma, la publicité télévisée et la chansonnette.

Inoffensive, la chansonnette ? Passe encore quand elle fait rimer «amour» avec «toujours». Mais lorsqu'elle aborde, sans avoir l'air d'y toucher, et à sa manière indirecte, les chapitres les plus importants de l'instruction civique, c'est alors une toute autre affaire. Ecoutons Brassens : c'est le plus dangereux des professeurs d'incivisme parce qu'il est sympathique et que le grand public n'est pas immunisé contre les poisons de l'anarchisme de droite. Il nous explique que, seuls, les pauvres couillons sortent de leur «lit douillet» pour fêter la date de naissance de la République. Pour les esprits éminents, dont il est, la Révolution de 1789 peut être, sans inconvénient, rayée de l'histoire. De même, il amputerait volontiers la nation française de ce qui reste de la paysanne-rie. Il irait, nous dit-il, jusqu'aux voies de fait pour interdire aux « culs-terreux » de défendre leur verger contre les entre-prises des voleurs de pommes. Ceux-ci sont évidemment de braves garçons, coupables seulement de ne pas avoir accueilli, dans leur catéchisme personnel, le dogme de la propriété. Les autres, les culs-terreux, sont des rapaces, tout juste dignes d'un croc-en-jambe qui les envoie dinguer sous leurs pom-miers, ce qui laisse au voleur le temps de s'enfuir. Brassens ne s'est pas demandé si le cul-terreux n'attendait pas, de la vente de ses pommes, un complément de revenus après une année déficitaire. Et que dire de la chanson où il tourne en ridicule, avec la même verve, et renvoie dos à dos Résistance et Colla-boration, renouant ainsi avec les sarcasmes dont il salua naguère les premiers pas de la France libérée ? Mais c'est si joliment dit !

Si souvent accusé de corrompre la jeunesse, le cinéma a dû trouver une parade. Après avoir montré, tout au long d'un film, comment se droguer et, avec une complaisance appuyée, décrit une fumerie ou énuméré les divers moyens connus de faire pénétrer le poison dans l'organisme, il met à profit les trois dernières minutes pour faire mourir le drogué. Ainsi la morale est sauve... Voyez, jeunes gens, où vous conduirait l'usage des stupéfiants, que vous ayez, pour y recourir une première fois, cédé à la curiosité, à de détestables influences, ou que vous y soyez venus pour chercher une consolation aux tristesses de l'existence.

De même, après avoir, en quatre-vingt-cinq minutes ra-conté les exploits d'un truand intelligent, sympathique, et beau garçon — ce qui ne gâte rien — un Alain Delon par exemple, et, complaisamment là encore, détaillé ses crimes, le cinéma le tue au cours d'un affrontement avec un flic coura-geux, cinq minutes avant la fin. Ceci pour convaincre les esprits faibles, ceux que pourrait gagner la contagion du gangstérisme, qu'il existe une morale immanente chargée de punir les méchants. Ainsi, ceux-ci n'entreront jamais en jouis-sance des millions dérobés aux honnêtes gens. « Bien mal acquis ne profite jamais » (Ce qu'il fallait démontrer...). Malheureusement, la démonstration ne serait valable qu'à une condition, à savoir que le jeune candidat à la délinquance ou à la drogue soit plus attentif à la leçon de morale intervenue *in extremis* que perméable à la contagion du mal que l'on prétendait combattre par l'image — l'image, dont la force de frappe dépasse, et de beaucoup, la puissance des mots. Or, cette image, dans le cas du truand, révèle avec une précision minutieuse les techniques les plus efficaces pour entrer dans un appartement ou pour éventrer un coffre. De toute manière, l'admiration pour le savoir-faire, l'ingéniosité et l'audace des spécialistes de l'agression à main armée, sera plus naturelle et plus spontanée que l'intérêt porté aux conseils de sagesse restés, au demeurant, le plus souvent implicites. Et combien de garçons de 18 ans n'auront eu d'autre éducateur que le cinéma du samedi soir, d'autre pâture spirituelle que les films de gangsters repris par le petit écran...

Mais attention! Ici nous marchons sur des œufs. Patrons de salles obscures et intellectuels dans le vent ne vont pas manquer de nous poursuivre de leurs invectives:

— Comment! Et l'effort créateur, et la liberté de l'esprit, qu'est-ce que vous en faites? Avec vous, «les Fleurs du mal» et « Madame Bovary » auraient passé un aussi mauvais quart d'heure que pendant le réquisitoire du grotesque procureur Pinard. Il est vrai qu'en imposant par avance un dirigisme à la Jdanov, vous décourageriez le génie, favoriseriez le conformisme et éviteriez ainsi le recours aux juges ou à la censure. Mais quelle France nous feriez-vous?

Et le drame dans l'affaire, c'est que les raisons du censeur sont aussi valables que celles des censeurs du censeur. Aussi respectables ceux qui prétendent contester à Coluche ou à Brassens la liberté de ridiculiser le civisme, et ceux qui voient, dans cette liberté, le bien le plus précieux, la marque de notre société. Mais comment s'étonner qu'ils s'enfoncent, les uns et les autres, dans la décadence, tant il apparaît que c'est une tâche insurmontable de restaurer le civisme dans une société où tout concourt à le dénaturer, le corrompre et l'annihiler.

Mais voici qu'à ce tournant du débat, l'homme de gauche s'interroge et s'inquiète : « Serais-je devenu un vieux « réac », sans m'en douter ? » Un glissement insensible l'aurait-il conduit sur une rive qu'il avait jusqu'ici assez peu fréquentée ? Se reconnaît-il dans cet Alceste bougon et renfrogné qui déplore le relâchement des mœurs, l'indiscipline civique, qui prône l'amour du travail et l'esprit de sacrifice, rangés d'autorité par lui au nombre des vertus républicaines ? Aurait-il vraiment viré de bord ?

La réponse lui vient des événements eux-mêmes. « Rassure-toi ! Loin de t'être éloigné de la gauche, tu marches d'un même pas. Devenue gouvernementale, ne doit-elle pas désormais assumer des valeurs qu'elle rejetait ou qu'elle ignorait dans sa phase libertaire, quand elle était dans l'opposition ? Elle pouvait alors défendre l'individu contre la tyrannie du groupe. Maintenant, il est de son devoir de défendre le groupe contre l'égoïsme individuel — aussi tyrannique. Jusqu'ici, elle cherchait des excuses à la paresse. Elle fermait les yeux devant la fraude (fraudeurs du fisc, du métro, du chômage, du travail clandestin). Comptable devant la Nation, elle ne le peut plus. Jusqu'ici, elle pouvait sourire des plaisanteries les plus éculées de « l'hebdomadaire satirique paraissant le mercredi » (et même y prendre goût). Elle pouvait admettre que ses électeurs y cherchent l'inspiration de leur comportement civique et qu'ils se délectent d'un persiflage « irresponsable ». Elle ne le peut plus, quitte à adopter désormais le discours moralisateur du père Fouettard. »

Certes, si elle l'avait fait « avant », elle aurait peut-être plus de chance d'être entendue aujourd'hui. Mais cela, c'est une autre histoire...

Réapprendre le civisme

Toute tentative de restauration de l'esprit civique se heurtera à l'indifférence ou à l'hostilité d'une fraction importante du pays, pour laquelle le mot « civisme » lui-même ne signifie rien. C'est donc, dès le départ, une déperdition analogue à celle que constatent les physiciens dans le transport de l'énergie électrique. Il y a peut-être un secret pour ramener les marginaux au bercail communautaire, mais avant de le découvrir, il convient d'évaluer l'importance de ce handicap initial.

Un
important
déchet :
Marginaux, déserteurs,
désespérés...

Il faut se faire à cette idée que, même dans nos sociétés les plus policées, celles qui se flattent orgueilleusement d'assurer à leurs membres une sécurité relative des personnes et des biens, ainsi que les avantages inhérents au maintien de l'ordre public, on compte par centaines de milliers, peut-être par millions, les marginaux qui vivent dans le plus total mépris des lois et demandent l'essentiel de leurs ressources à d'autres activités qu'au travail. Si le moraliste s'en indigne, les Pouvoirs doivent s'en accommoder, faute de crédits pour adjoindre un ange gardien avec képi, baudrier et arme règlementaire, à tout candidat à la délinquance. (Et même, dans ce cas, est-on certain que le policier ne se laisserait pas corrompre au point de faire le guet pendant les mauvais coups?). Le moraliste et les Pouvoirs sont également impuissants devant un état de fait qui laisse ceux-ci désarmés et l'autre à court d'imagination.

Cette marginalité prend, il est vrai, des formes multiples : il lui arrive même d'être pacifique et de se nourrir de lait, ce qui témoigne, assurément, de la blancheur d'une conscience.

C'est seulement parce que, si frugaux soient-ils, l'organisme le moins exigeant réclame deux repas par jour, que le marginal pacifique se livrera à quelques menus larcins, mais sans gravité et, surtout, sans intentions méchantes. La carafe de lait, posée au bord d'un trottoir comme le litron du clochard, c'est peut-être une profession de foi écologiste et un défi à la politique nucléaire des grands pays industrialisés. Mais là s'arrête, pour le marginal dont il s'agit ici, l'intérêt qu'il porte à la chose publique. En fait, il ne s'oppose pas aux pouvoirs en place, il les ignore. Pour lui, les institutions de l'Etat tiennent tout entières dans la personne du policier qui lui demande ses papiers ou qui l'invite à circuler lorsqu'il occupe trop longtemps son coin de bitume. D'où la neutralité qu'il affiche — et qui cache mal son agacement — devant les controverses sur les mérites respectifs des divers régimes qu'il aurait tendance à mettre dans le même sac. D'où son indifférence face à ce que d'autres appellent les devoirs civiques, liés à l'appartenance à une nation.

Le marginal pacifique n'a pas déclaré la guerre à la société, il s'en est exclu. Cette sécession morale ne lui interdit pas de grapiller, à l'occasion, quelques-uns des avantages qu'un pays organisé dispense à ses habitants. Mais il ne s'est jamais interrogé sur la validité d'un tel comportement qui, dans son système de pensée, n'est ni contradictoire ni immoral. C'est ainsi qu'il lui arrive d'utiliser les transports en commun, encore qu'il lui répugne de faire la queue devant un guichet et de se munir d'un tiket, laissant à d'autres le soin de combler, par leurs impôts locaux, le déficit causé journellement à la RATP par exemple, par les 300 000 fraudeurs qui, comme lui, voyagent sans payer. D'autre part, grâce à cette solidarité de fait qui lie les marginaux d'une même ville, il n'ignore rien des combines qui lui permettront de faire financer par l'ASSEDIC sa fainéantise chronique en utilisant intelligemment les services de l'Agence nationale pour l'emploi... Même s'il se soucie peu de la formuler explicitement, sa philosophie politique tient en quelques mots définitifs : « Je ne demande rien à la société. J'entends qu'elle me foute la paix ! » Mais la fermeté du propos ne dissimule pas les failles du raisonnement. Il est vrai que l'oisiveté se contente de peu. Mais peut-il prétendre « ne rien demander à la société » celui qui lui « prend » sans lui « demander » ? On retrouve ici les inconséquences de l'anarchisme de gauche ou de droite, antichambre de l'incivisme, et son refus de voir que l'appartenance à une société résulte non pas d'un choix, d'une volonté délibérée, mais d'une situation de fait à laquelle on ne peut rien. En tout cas, cette forme douce de marginalité, qui s'efforce de rester en deçà de la vraie délinquance, mais entretient, dans la nation, un ferment de décomposition, pose au Pouvoir en général, et tout spécialement à un pouvoir de gauche, un problème presque insoluble. Que faire de ces gens-là ? Ce serait les offenser gravement — l'équivalent d'une agression — que prétendre les mettre au travail, à supposer que l'on ait, d'ailleurs, quelque travail à leur offrir... Les inviter à s'intégrer à la communauté nationale, à mener une existence normale ? Les exhortations les plus pathétiques auraient-elles plus de succès que n'en a l'Association pour le Relèvement des Prostituées, lorsqu'elle propose une place d'ouvrière au SMIC à une pute des beaux quartiers qui, en ouvrant seulement les jambes, « se fait » jusqu'à 20 millions par mois ? On ne peut pourtant pas les laisser croupir dans leur crasse, même s'ils semblent s'y complaire. Une société qui se veut harmonieuse ne peut tolérer ce désordre dans son propre tissu. Leur mettre la police aux trousses ? Ce serait la solution la plus mauvaise, et aussi la plus illusoire. L'exemple des pigeons est instructif : massivement raflés et exilés à cent kilomètres de Paris, il y étaient tous revenus la semaine suivante. Alors ? Les gens de Vichy qui, malgré leur moralisme cucu, ne s'embarrassaient pas de scrupules, avaient parqué, dans des chantiers forestiers, les jeunes garçons dont ils ne savaient que faire. On utilisait, du même coup, les officiers que l'Armistice laissait sans emploi et qui purent ainsi satisfaire à peu de frais leur nostalgie du « Présentez... Armes ! » même si la « Hache, sur l'épaule, droite ! » allait remplacer le fusil. Que ne dirait-on pas si la gauche recourait aux mêmes méthodes, si elle organisait elle-même ses camps de concentration, surtout à une époque où l'on emploie le mot «goulag» à tort et à travers et à tout bout de champ! Il est donc exclu que la gauche se mette à singer Vichy, encore que le moment puisse venir vite, si elle veut sauver la forêt française des ravages du feu, où elle devra créer des équipes de débroussaillage. Mais des chantiers forestiers qui, pour porter remède à l'oisiveté et au chômage, priveraient de leur travail les bûcherons professionnels, ne résoudraient pas le problème de la réinsertion. Resterait, là encore, le recours à la trique. Mais qui en voudrait dans ce pays, à part quelques milliers de têtes carrées, abritant leurs idées fixes sous une brosse rude de poils grisonnants et dont les mollets frémissent encore des plaisirs virils du pas cadencé? Il est vrai que la décadence d'une société suscite des vocations d'homme d'ordre, et que les excès du laisser-aller ouvrent le chemin le plus court vers un régime musclé. Mais, dans le cas qui nous occupe, l'enrôlement forcé n'aurait d'autre aboutissement que des désertions en masse, ce qui nous ramènerait, comme on dit aujourd'hui, à la case départ. On ne refuse pas les contraintes douces de la démocratie libérale, pour accepter docilement la brutale coercition d'un régime à la Pinochet et, dans ce cas, le fascisme serait rejeté ou condamné par les marginaux, non pour des raisons de principe, mais pour les entraves qu'il apporterait au mode de vie qu'ils ont choisi.

Dans cet inventaire des divers groupes sociaux imperméables à toute prédication tendant à leur insuffler un tant soit peu d'esprit civique, il convient de faire une place, aux côtés du marginal pacifique qui s'est volontairement retranché de la communauté pour vivre à sa guise, une foule de marginalisés malgré eux, dans des conditions qui faussent par avance le mécanisme des institutions démocratiques. Chez ceux-là, l'apolitisme ne résulte pas d'une décision mûrement réfléchie dont ils seraient généralement incapables, mais d'une situation de fait. Aux prises avec un drame personnel, une préoccupation obsédante, une passion qui monopolise à son profit la totalité de leurs activités et de leurs pensées, ou encore porteurs d'une lourde tare et parvenus à un degré avancé de déchéance physique ou morale, un comportement civique conforme aux exigences de la vie démocratique leur serait un luxe interdit, une impossible diversion.

On compte, chaque année, au moins par temps calme, un nombre à peu près constant de suicides. Qu'en sera-t-il, le chômage s'aggravant, les faillites se multipliant ? A des gens prêts à abandonner la vie, qui n'ont qu'une hâte, celle d'en finir avec un désespoir insupportable, et que rien ne retient désormais ici-bas, allez parler de leurs devoirs civiques, de l'obligation morale, faite à tout citoyen, de s'intéresser aux affaires de l'Etat, de désigner des représentants chargés de contrôler l'Exécutif et de fabriquer des lois... Mais ils vous riront au nez, fût-ce d'un rire triste et désabusé. Ils ont déjà renoncé à tout. Ce n'est pas pour conserver le dernier lambeau d'un statut juridique qui ne leur a causé que des déboires. Ils ont un pied dans la tombe ; voudrait-on qu'ils eussent le second dans l'isoloir ?

Cet autre, et peu importe son âge, est resté ébloui, subjugué, arraché à lui-même à la suite d'une rencontre fortuite avec de beaux yeux noirs. Désormais, ces yeux noirs sont pour lui le centre de l'univers. Pour eux, il est prêt à tout quitter — sa maison, sa famille, les liens et les biens sur lesquels se fonde la respectabilité bourgeoise. Aucune ambition ne lui reste, hormis celle d'aimer et d'être aimé. Que vient-on le distraire de l'essentiel ? Que vient-on l'importuner au sein de son actuelle félicité ? Et comme ils sont grotesques les fâcheux qui osent l'interpeller, avec leur prétention de faire le bonheur des hommes par l'action politique (ou d'atténuer leurs malheurs) alors que, pour lui, le mot bonheur se confond avec le velouté d'un regard, et que le seul malheur concevable serait de ne plus voir s'y refléter la passion qui le bouleverse ?

Est-ce par désespoir d'amour, est-ce poursuivi par quelque malchance, est-ce enfin par faiblesse que cet autre encore s'est laissé glisser vers l'ivrognerie ? C'est seulement quand il s'endort comme une brute, après avoir ingurgité ses trois litres de gros rouge, que son sort lui paraît acceptable. D'ailleurs, il y a belle lurette qu'il a cessé de se demander pourquoi il boit et que la boisson se suffit à elle-même pour lui faire comprendre pourquoi il vit. Quand il est saôul, il n'entend pas les criailleries ou les jérémiades de sa femme, les disputes des gosses. Sur celle-là ou ceux-ci, il cogne dur pour faire respecter son autorité de chef de famille. Quant à sa participation aux affaires de l'Etat, elle reste passive et négative. Lors de chaque scrutin son nom figure en creux sur les listes d'émargement. Et, chaque fois encore, de doctes politologues se penchent avec attention sur le phénomène de l'abstention, donc, implicitement, sur son cas. Ont-ils noté l'ivrognerie chronique et la déchéance au nombre des raisons de s'abstenir?

Les candidats au suicide, les victimes d'une passion dévorante et ravageuse, les ivrognes tombés au plus bas de la déchéance ou de la clochardisation, cela fait déjà beaucoup. Mais à l'inventaire de ceux qui vivent en marge des lois et se soucient fort peu d'adoucir le destin collectif des hommes, il faut joindre ceux qui ont choisi des procédés délictueux ou criminels pour améliorer leur destin personnel. Si le hold-up est devenu un phénomène si banal qu'on n'y attache plus guère d'importance, si toute une frange de la société voit, dans l'appropriation brutale du bien d'autrui, un moyen presque normal de s'assurer un niveau de vie convenable, c'est sans doute qu'ont été accomplies un certain nombre d'opérations préliminaires. Dès l'instant où un « gros coup » a été décidé, il va être préparé avec la même minutie que la bataille de la Marne à l'état-major de Joffre. Comme la guerre, le hold-up est un art. On vous le demande, quelle part est-il resté, pendant cette phase préparatoire de l'action, au souci des devoirs civiques et à cette réflexion politique sans laquelle le mot citoyen se vide de son sens et la démocratie perd sa raison d'être? Or, comme après un hold-up réussi il est urgent de se préoccuper du suivant, comme le succès fait naître aussitôt des vocations par dizaines, comme les émules fascinés par l'exploit des vainqueurs du jour, désireux de profiter de leur expérience, viennent s'agglutiner à la liste déjà impressionnante des marginaux, on voit s'approfondir encore le fossé entre ceux-ci et la France institutionnelle. C'est seulement au sommet de la grande truanderie et chez les têtes pensantes du « milieu » que réapparaît un certain goût pour

« la politique », soit que certains manitous de la drogue ou de la prostitution aient vraiment des conviction — après tout, ce n'est pas impossible — soit qu'ils aient cherché, pour leurs lucratives activités, une protection auprès de certains politiciens « pas trop regardants ». De Gaulle lui-même, qui s'endormait, chaque soir, dans son lit à baldaquin, entre la Grandeur et le Prestige, avait ses gangsters attitrés, dont certains avaient déjà pris leurs galons dans le Service d'ordre du RPF, puis barbouzé contre l'OAS, fourni des contingents efficaces de colleurs d'affiches et de gardes du corps, et dont les derniers survivants, sous un drapeau marqué de trois initiales célèbres, ont été mêlés à la plupart des grandes affaires crapuleuses de ce temps. Mais comme les gangsters politisés ne sont qu'une minorité infime et ne voient, en général, dans « la politique » qu'un paravent, espérant que la coloration ainsi donnée à certains de leurs actes leur vaudra l'impunité pour d'autres, leur cas ne saurait être disjoint dans une vue d'ensemble sur la sécession morale, sur la rupture d'un secteur important de la nation avec le rituel démocratique. Politisés ou non, les gangsters consacrent plus de temps et d'intelligence — car il leur en faut — à organiser leur travail qu'à songer aux réformes qui moraliseraient notre société.

Ainsi donc, si à l'occasion d'une campagne électorale par exemple, l'Etat se risquait à organiser une campagne parallèle de rééducation civique, afin de réapprendre aux Français (ou leur apprendre, hélas !) à se comporter dignement dans leur vie de citoyen, cette entreprise insolite et hasardeuse réussirait-elle, elle laisserait à la traîne un important, un très important déchet qui compromettrait le succès de l'opération. Et sans doute constaterait-on au passage que si le sens de la vie collective n'est pas inculqué dès l'enfance, il risque de ne l'être jamais...

La
ballade
des
déçus

La croisade à mener en faveur du civisme, dans un pays moralement malade, laissera donc derrière elle un important déchet. A ceux pour qui le devoir civique ne signifie rien — marginaux de fait ou d'intention — il serait fâcheux que vinssent se joindre les déçus, les mécontents, ceux qui n'ont pas trouvé dans l'après-mai 81 les satisfactions qu'ils attendaient — ces gens quelque peu déboussolés et à qui M.M. Barre, Giscard et Chirac murmurent déjà, d'une voix enjôleuse : « Votre désarroi m'intéresse... »

La stratégie de la reconquête est parfaitement au point. La philosophie de la revanche, telle qu'elle apparaît au travers d'une démarche constante, actes et textes confondus, tient en quelques principes d'où découle tout un jeu de conseils pratiques.

« Si la France est bien, comme il semble, un conglomérat de mécontentements catégoriels, point n'est besoin, pour tenter de reconquérir le terrain perdu, d'imaginer des tactiques subtiles, d'asseoir notre propagande sur un argumentation sophistiquée. Il nous suffit d'exploiter les mécontentements, comme on gratte un bobo pour l'infecter, et de proposer un exutoire politique à la colère des mécontents. Le jour où cette colère grandissante bousculera le pouvoir en place, l'opposition doit être prête à recueillir la succession. Mais, de grâce, ne nous compliquons pas la vie! Notre cheminement s'accommode de la lourdeur des gros sabots. Il exige que l'on renonce aux nuances de pensée, aux finasseries et aux scrupules dans le choix des moyens. D'ordinaire, la fin les justifie: ici, elle les sanctifie. Soyons cyniques, puisque c'est pour le bon motif: grâce à cette faculté d'oubli, si répandue chez nous, on n'aura aucun mal à convaincre les mécontents que leur mécontentement date du jour où l'opposition d'hier est devenue majorité et s'est emparée, par usurpation, des fauteuils moelleux dont nous, majorité d'hier, étions en droit de penser qu'ils étaient nôtres et pour l'éternité. Pour expliquer ces choses à des gens qui ne demandent qu'à se laisser convaincre, il est sans danger de ficeler ses arguments avec du câble de marine, ce superlatif du fil blanc des coutures suspectes — et le colis passera comme une lettre à la poste.

Tout va donc pour le mieux, encore qu'une précaution s'impose dans une approche personnalisée du destinataire. Les mécontents, il en est de deux sortes: ceux qui avaient voté pour nous, car telle était la pente de leur cœur et ceux qui avaient voté à gauche. Que les premiers ne s'offusquent pas si nous leur disons, tout à trac, que, pour nous, chefs de la nouvelle opposition, ils ne présentent aucun intérêt. Leur orgueil en souffrira peut-être, mais c'est ainsi. Ils nous étaient déjà acquis, fidèles entre les fidèles. De ce fait, ils se trouvent dans la situation, à vrai dire assez peu flatteuse, des quatre-vingt-dix-neuf moutons du troupeau qui étaient restés sagement groupés autour du bon pasteur, soumis aux médiocres docilités de l'instinct grégaire, alors que le centième allait courir la prétentaine sur les rudes escarpements qui surplombent les sombres ravins. En revanche, c'est la brebis égarée, c'est le mouton noir, qui vaut son pesant de mérites... Qu'on se le dise!»

Ce personnage si précieux, doté d'aussi éminentes vertus, Giscard lui a donné un nom de baptême, que partageront d'ailleurs tous ceux qui arpentent déjà les chemins du repentir. Lui et ses compagnons de route seraient «les décus du socialisme». C'est bien trouvé, non? Certains esprits chagrins, ou mal intentionnés, feront peut-être remarquer que jamais il ne fut dans les intentions des rédacteurs du Programme commun, ou des équipes victorieuses de 1981, d'instaurer le socialisme en France, si bien qu'il est difficile d'être déçu par un régime encore à naître. Mais, comme les gestionnaires actuels du pouvoir se réclament du socialisme, est-ce leur faire offense que leur accorder aujourd'hui ce qu'ils souhaitent à terme?

En tout cas, ce «déçu» est devenu, dans notre république au numérotage des plus incertains, un personnage de premier plan. Sa déception même est un capital inestimable. S'il s'en doutait, il le porterait en sautoir ou en bandoulière selon les jours. Elle lui vaudrait une considération qu'il ne soupçonnait pas dans l'euphorie des lendemains de victoire, avant sa «déception». On le cajole, on le bichonne, on le pelote. Des bras chaleureux s'ouvrent pour l'accueillir. «Laissez venir à moi les petits déçus!» C'est trop peu dire, on va au levant d'eux et si l'épuisette ne suffit pas pour les pêcher, on lance les filets. Il serait dommage que les plus timides d'entre eux allassent se cacher dans quelque trou pour ruminer leur déception, sans comprendre que cette déception est précisément le plus beau de leurs titres de gloire. Ce n'est pas le moment de les laisser s'abandonner à la délectation morose... Quel désastre si leur déception dérapait vers la désespérance, peut-être vers le nihilisme, et si le désespéré, se souvenant de l'avant-mai 81, enfermait dans un même sac les politiciens d'aujourd'hui et ceux d'hier, et décidait de se consacrer désormais aux joies de la famille, de la pêche à la ligne, du bricolage ou du libertinage!

Le
civisme
des
autres...

Dans un premier stade, un individu plus audacieux, moins scrupuleux, poussant plus loin que d'autres le sans-gêne et le mépris d'autrui, se permet une infraction à la loi, ou même une simple entorse à un règlement de portée mineure. Dans l'affaire, le culot s'avère payant et l'individu le plus culotté fait figure de pionnier. Il ouvre une brèche dans laquelle s'engouffreront, par dizaines, ses émules, plus timides, mais assurés désormais d'être dans leur droit, dès lors qu'ils peuvent invoquer une antériorité dans l'infraction. C'est là un mécanisme simple dont la vie quotidienne fournit d'innombrables exemples. Il apparaît donc qu'une violation du droit donne naissance à un droit nouveau. Nous avons vu que la généralisation du « pourquoi lui et pas moi ? » conduit un pays civilisé au seuil de la désorganisation.

Cette cascade d'abus, en tous domaines, même les plus anodins, est lourde de conséquences. Il ne se sent pas coupable, le gamin qui jette sur un trottoir le papier de couleur recouvrant sa plaque de chocolat, mais, comme la saleté appelle la saleté, son geste est une incitation à commettre une foule de gestes semblables, et la rue devient bientôt un tas d'ordures, surtout si, nuitamment, un riverain est venu y déposer un vieux matelas ou un frigidaire hors d'usage. Et que dire du camionneur qui, en se cachant, vide une benne de gravats au cœur d'une belle forêt? L'abus le plus insupportable, le plus susceptible d'entraîner un dérapage collectif, consiste, pour un individu, à empiéter sur le domaine de tous, autant dire à s'approprier le bien commun. Du coup, encouragé par le précédent d'un délit resté impuni, mais envieux du privilège que s'est ainsi attribué le délinquant, son voisin plus timoré sent germer dans sa petite tête l'idée qu'en commettant le même délit, il rétablirait l'égalité et le caractère collectif, un instant bafoué, de la propriété commune.

Cet incivisme nous est-il particulier, à nous, Français? En matière de civisme, d'autres que nous, au-delà des frontières, seraient-ils à même de nous faire la leçon?

Les Allemands par exemple, avec leur sens inné de l'ordre et de la discipline... Leur docilité à toute épreuve, leur diabolique persévérance à suivre naguère de mauvais bergers devrait nous rassurer sur leur fidélité à l'esprit moutonnier maintenant que leurs bergers sont moins mauvais. L'esprit de méthode dont ils firent preuve dans la mise en œuvre de la Solution finale atteste de leur sérieux. (Celui qui se refuse à toute frivolité et toute fantaisie sera plus apte qu'un autre, semble-t-il, à se soumettre aux règles les plus strictes de la vie communautaire, aux obligations du civisme et à se les imposer lui-même.) Malheureusement, le séjour de leurs soldats sur notre sol nous a laissés quelque peu sceptiques quant à leur vertu civique, si bien que, de longtemps encore, nous hésiterions à les prendre pour modèles. A moins, bien sûr, que leur civisme soit exclusivement réservé à l'usage interne.

Aurons-nous plus de chance en allant chercher par-delà les Alpes des exemples à suivre? Pauvres de nous! L'incivisme des Italiens a pris un caractère institutionnel. Les plus sérieux des économistes attribuent d'ailleurs à la généralisation du travail noir et de l'industrie clandestine la prospérité d'un pays que l'on dit « au bord du gouffre » depuis 1948 et qui ne s'en porte pas plus mal. Et puis, l'incivisme des Italiens, ce n'est pas de la rébellion, c'est de la poésie. Alors, les Anglais ? Eh bien, oui, une opinion prévaut, largement répandue de ce côté-ci du Channel, selon laquelle l'Angleterre serait la terre bénie du civisme. L'émouvante bêtise d'un attachement infantile à la famille royale et au cérémonial, grotesque et grandiose à la fois, dans lequel se perpétue l'institution monarchique serait une manière de montrer du respect à l'Etat, malgré cette succession d'erreurs tragiques qui ont fait de la plus grande puissance du monde un pays de second ordre. Preuve nouvelle de cette ferveur patriotique qui se confond souvent avec le civisme : cette pointe de nostalgie, chez les Anglais, pour les temps glorieux de l'impérialisme. D'où le triomphe électoral, en 1983, de l'initiatrice de la guerre des Malouines, le conflit le plus stupide de toute l'histoire. Oui, alors, les Anglais ? On hésite à se prononcer. Faut-il leur tresser des couronnes, saluer en elles les héroïnes d'un patriotisme ardent ou, au contraire, les diriger illico sur l'asile psychiatrique, ces centaines de bonnes femmes, d'origine modeste pourtant, qui, couchées à même le trottoir devant les grilles de Buckingham palace, passeront des nuits entières sous la pluie, drapées dans leur sac de couchage, la bouteille thermos à leur côté, pour être aux premières loges quand le Palais annoncera « un heureux événement » chez les Windsor ? Passe encore si ladite famille royale méritait cette adoration... Mais, à l'exception d'une souveraine qui s'acquitte correctement de sa besogne, aussi mécaniquement souriante dans les pouponnières que sur les champs de courses et qui, engoncée dans ses lourds oripeaux, donne lecture au Parlement, et avec la même indifférence appliquée, de messages, successivement rédigés par le Labour ou les Tories, et préconisant des politiques opposées, oui, à part la reine dont l'insignifiance décourage la critique, la famille régnante d'Angleterre constitue la plus incroyable ribambelle d'hurluberlus et de patachons, dont les frasques et les excentricités sont tout juste bonnes à alimenter la chronique scandaleuse de « *France Dimanche* » et d' « *Ici Paris* ». Est-ce parce qu'ils ont plus que d'autres, le culte de l'Etat ou simplement des attendrissements de midinettes devant les trémoussements de ces bouffons, que les Anglais s'offrent le luxe incongru d'entretenir, à grands frais, et alors qu'on les dit au bord de la faillite, une kyrielle de parasites si richement dotés ? Mais, nous dira-t-on, il n'y a pas seulement cela. Le respect pour les autorités légitimes s'étend, de proche en proche, de la reine Elisabeth jusqu'au plus modeste des agents de police, en qui chaque Britannique voit d'abord un ami. Ainsi l'attachement à des institutions qui doivent, cependant, plus à la coutume qu'à des textes écrits, descendrait en cascades jusqu'aux prescriptions et interdictions qui règlementent la vie courante, notamment les arrêtés municipaux enjoignant aux piétons de « traverser dans les clous » et de jeter leurs peaux de bananes et leurs mégots dans les récipients prévus à cet effet. Ce ne serait là, certes, qu'une forme élémentaire du civisme mais on nous assure qu'il y a bien mieux. Il n'est pas rare, nous assure-t-on, qu'un Anglais s'autorise à morigéner celui de ses concitoyens qu'il surprend en train de commettre, sinon un délit, du moins un écart de conduite, ou de violer une réglementation valable pour chacun, destinée à assurer la tranquillité et la sécurité de tous. Si c'est toujours vrai, s'il se trouve encore des hommes courageux et décidés, qui sans en avoir reçu mission de quiconque, autrement dit de leur propre chef, osent se faire les porte-paroles de la collectivité pour exhorter le coupable à rentrer dans le droit chemin, bref si le principe de la correction fraternelle, en usage dans les communautés monastiques, est vraiment entré dans les mœurs, il n'y a pas là matière à plaisanter, et il ne nous déplairait pas de voir les Français s'inspirer d'un tel exemple. Il serait bien que la loi devienne l'affaire de tous, et que chacun se sente responsable de son application. Cette procédure extra-judiciaire donnerait évidemment lieu à des excès. On verrait naître soudainement des vocations d'inquisiteurs et Tartuffe tenir boutique de vertu. Il est douteux, d'autre part, que le délinquant accepte aisément cette incursion dans sa vie privée et accueille la leçon de morale autrement que par un « De quoi te mêles-tu, vieux con ! » qui refroidirait le zèle du prédicateur bénévole. Mais, à la longue, un climat nouveau pourrait s'instaurer.

On admet aujourd'hui que la responsabilité individuelle

— et donc la culpabilité — se dissout dans la responsabilité plus générale de la société. Celle-ci n'a pas su assurer à tous les enfants le milieu familial ou scolaire qui les eût préservés de la fascination du mal, et à toutes les familles un niveau de vie qui leur eût rendu l'honnêteté plus facile. Elle n'a pas su concevoir un enseignement qui eût cuirassé la jeunesse contre les tentations, et lui eût rendu la vertu plus séduisante ou, à terme, plus rentable que le vice. A ces griefs s'ajoute son impuissance à imaginer un habitat qui n'engendre pas l'ennui et la délinquance, et à procurer à tous un travail correspondant à ses goûts. Si la société est ainsi responsable, au moins en partie, des fautes de l'individu, ne lui appartient-il pas de prendre directement l'affaire en mains et de réparer le mal dont elle est cause? Une intervention individuelle, puis collective, en vue d'arrêter le candidat à la délinquance sur le seuil du délit, serait assurément plus efficace, malgré d'évidentes difficultés, que la recherche de la dissuasion par un large déploiement des forces de police. Il n'est pas interdit de rêver sur le message qui, aux dires des anglomanes, nous viendrait ainsi d'outre-Manche... Mais, au fait, nos anglomanes ne seraient-ils pas dans les mêmes dispositions d'esprit que ces hommes de notre XVIIIe — Voltaire le premier — qui s'étaient fabriqué une Angleterre idéale et y avaient investi un capital énorme d'admiration et d'amour, mais à cette différence près que ceux-ci n'étaient pas dupes de l'excès même de leurs louanges, dans la mesure où ils donnaient à chacun de leurs dithyrambes sur les institutions anglaises le sens et la portée d'une critique indirecte de la manière dont fonctionnait notre « ancien régime »? N'y a-t-il pas, dans la célébration du civisme anglais, une part d'aveuglement volontaire? Que reste-t-il vraiment de cette Angleterre traditionnelle où, par exemple, de rue à rue, de quartier à quartier, les jeunes se lançaient des défis, prêts à sacrifier leurs jours de repos, bénévolement bien sûr, pour que leur rue et leur quartier soient les plus propres et les plus attirants? Une Angleterre où, le dimanche, les prédicateurs improvisés de Hyde-Park exhortaient leurs auditeurs à la vertu — autant d'initiatives qui, chez nous, eussent provoqué une gigantesque hilarité ? Qu'en reste-t-il vraiment ? Pas grand'chose, si l'on en juge d'après l'image que nous proposent, de la jeunesse anglaise, les tristes spécimens, mi-hippies, mi-clochards, sales et dépenaillés, qui débarquent sur le continent à la faveur des transhumances de l'été, déferlent sur Paris et s'acoquinent à la pègre en blue-jeans des autres pays du Marché. commun de la crasse, autour de la fontaine Saint-Michel, y déballent leurs victuailles et y abandonnent leurs détritus... Mais attention ! Nous allions nous montrer injuste, et un lourd contentieux, datant de l'avant-guerre, y est pour beaucoup. Ces touristes si différents des hommes et femmes de la gentry — ladies and gentlemen — qui firent jadis la fortune de Nice, ne sont crasseux que parce qu'ils voyagent sans argent. Et, en tout cas, ils ne sont pas responsables des faits et gestes d'un Chamberlain dont on ne sait pas encore s'il fut un crétin solennel ou une sinistre canaille. Mais, de là à nous en faire des modèles...

Des modèles de civisme, en chercherions-nous avec plus de succès à l'Est de l'Europe ? Hélas non, et la même déception nous y attendrait... La lecture attentive de la « Pravda » nous offre une moisson quotidienne de crimes et de délits commis à l'encontre de la collectivité et qui témoignent d'un mépris total pour cette discipline librement acceptée sur laquelle devrait se fonder une société socialiste, altérée, d'autre part, par une « nomenklatura » de privilégiés devenus des profiteurs. Et, nous l'avons dit, Andropov lui-même s'inquiéta de cette dégénérescence qui, sous Brejnev, a atteint les marches du trône... Mais arrêtons-nous là : un pas de plus et nous en viendrions à des considérations désabusées sur l'éternelle, sur l'universelle nature humaine...

Mourir
pour
la patrie
(air connu)

C'est entendu, la France est vouée à une prompte décadence si elle ne parvient pas à restaurer l'esprit civique,
submergé par la vague déferlante et triomphante de l'individualisme. Mais ici, celui qui se mêle de prêcher la croisade du
civisme se heurte à une objection qu'il n'avait pas prévue. Il
lui sera demandé si sa démarche condamne, rétroactivement
ou implicitement, tous les efforts accomplis, dans le passé
pour libérer l'individu de chaînes trop pesantes ainsi que des
tabous du conformisme et des préjugés du fanatisme qui
paralysaient sa pensée et freinaient son libre épanouissement.
Si l'individualisme porte en lui toutes les tares, toutes les
déformations, tous les péchés imputables à la nature humaine, est-ce à dire qu'il faille renoncer à l'acquis de tant de
siècles où les meilleurs des hommes se sont battus pour arracher l'individu à l'oppression du groupe, qu'il s'agisse de la
famille, de l'Eglise, de l'armée, de l'usine— la plus contrai-
gnante de toutes? Une objection qui ne peut rester sans
réponse, d'autant qu'elle est formulée par des gens tout à fait
respectables.

« Restaurer le civisme, d'accord ! et c'est urgent... Remettre à l'honneur des valeurs morales bien oubliées de nos jours, c'est pour la France une nécessité vitale, ainsi l'ouverture aux autres, l'esprit communautaire, la générosité, le sens de l'effort collectif, la libre acceptation des obligations et des contraintes inhérentes à la vie en commun. Nous irions même jusqu'à exalter l'esprit de sacrifice si Pétain ne nous avait pas précédés dans cette voie et n'avait rendu l'expression à jamais inutilisable. Mais attention ! L'individu est-il fait pour la société ou la société pour l'individu ? Certes, la société est bien la réalité première puisque l'individu la trouve en naissant et vient s'y intégrer. Mais tous les efforts de ce qu'on appelle la civilisation, aussi loin qu'on remonte, n'ont-ils pas tendu à l'affirmation des droits de l'individu face à une société qui avait tendance à l'étouffer ou à l'écraser ? L'esprit civique consistait-il à sacrifier Dreyfus à la raison d'Etat et à donner raison aux tristes ganaches de l'Etat-major général de l'armée ? L'idéal consisterait dans l'harmonisation, mais est-elle possible ? des droits de la personne et de ceux de la collectivité. Mais, en attendant qu'aboutisse un projet aussi ambitieux, le progrès véritable ne réside-t-il pas, plus modestement, dans la défense de l'individu contre les débordements et les excès du collectif ? Ne juge-t-on pas un régime d'après la manière dont il respecte les droits de l'homme ? Un pays ne s'honore-t-il pas, par exemple, lorsqu'il reconnaît l'objection de conscience, le refus de porter les armes, et autorise certains individus à échapper à la loi commune lorsque des principes moraux ou religieux leur font une règle absolue de ne point tuer ?

Cette interrogation en soulève une autre de portée plus générale.

L'évolution des esprits étant ce qu'elle est en cette fin de siècle, peut-on encore envisager sérieusement de mourir pour son pays ? Il n'est pas indécent de poser la question dans la mesure où « le sacrifice suprême » passait effectivement pour la forme la plus achevée du civisme. Encore faudrait-il, concernant les références au passé, balayer les quelques hypocrisies qui faussent le débat. A part un contingent de volontaires qui revivaient, à leur manière, la geste et le geste des soldats de l'An II ou, plus fréquemment, appliquaient à la lettre les leçons — et, dans ce cas, c'étaient les mêmes — reçues de l'*Action française* de Maurras et de l'école laïque de Jules Ferry, doit-on dire, pour être exact, des morts de 14-18, qu'ils donnèrent leur vie à la patrie ou que celle-ci la leur avait prise ? Ce n'est pas là faire offense aux poilus de Verdun et à leur surhumaine endurance, mais rappeler simplement qu'il y eut, au départ de leur épopée, une fiche de mobilisation et des gendarmes pour en confirmer le caractère obligatoire. « La fleur au fusil » fut néanmoins une réalité, mais c'était dans l'exaltation des premières heures et dans la perspective d'une guerre courte, rapidement victorieuse. Il y eut aussi des mères à l'héroïsme théatral, des veillards ragaillardis par l'odeur du sang et qui retrouvèrent une nouvelle jeunesse à exalter, par la parole et par la plume, le patriotisme des jeunes gens à qui ils désignaient, d'un doigt impérieux, la ligne bleue des Vosges. C'est après des années de souffrances seulement que les survivants du massacre osèrent demander des comptes aux politiciens qui n'avaient pu empêcher la guerre ou qui l'avaient expressément voulue, à ceux qui furent responsables de sa prolongation ou plantèrent le décor de la guerre suivante qui devait éclater vingt-cinq ans après. Il faut d'ailleurs constater que les Anciens combattants en colère contre les mauvais bergers furent une minorité, puisqu'ils votèrent en masse pour la Chambre bleu horizon et permirent que fussent honorés, par des plaques bleues au coin des rues, un Poincaré, un Clemenceau qu'on aurait dû jeter en prison dès le lendemain de l'armistice.

La guerre a cependant fait évoluer les esprits plus que ne l'auraient fait cinquante ans de paix — la guerre elle-même, mais aussi une réflexion sur la guerre à laquelle se livrèrent ceux qui l'avaient vécue. La pensée et la pratique politique de l'après-guerre allaient en être bouleversées, avec d'immédiates conséquences sur le plan de la morale personnelle. Pour la première fois le problème du libre choix était posé dans toute son ampleur : le citoyen avait-il ou non le droit de se soustraire aux obligations militaires, de refuser une guerre qui lui semblait injuste ? Il fallait que bien des choses eussent changé pour qu'on en fût arrivé là...

Ce qui a changé tout d'abord, c'est que la diplomatie est tombée dans le domaine public. Pendant des décennies, sous la IIIe République, en vertu d'un accord tacite, les parlementaires s'interdisaient de mettre le nez dans la politique extérieure de la France. On n'aurait jamais exigé d'un Delcassé qu'il vînt déballer devant les assemblées — donc devant la nation — le secret des intrigues subtiles auxquelles il se livrait du côté de Londres ou de Pétersbourg, avec une jouissance gourmande. Cette discrétion de bon ton laissait au Pouvoir les mains libres pour mener les affaires étrangères à sa guise, et les députés devaient se satisfaire des quelques bribes de confidences recueillies en commission. Ils éprouvaient même une certaine fierté à être du nombre des happy few détenant une parcelle, si infime soit-elle, des secrets d'Etat.

Les dangers du système sont apparus quand le secret a couvert les manigances d'un Poincaré et de l'ambassadeur Iswolsky, avec cette circonstance aggravante qu'en mettant en œuvre sa diplomatie personnelle, le président de la République, par principe irresponsable, bafouait doublement la Constitution de 1875 qu'il était chargé de défendre. Bien qu'elle fût consciente de la nécessité du secret dans certains cas, la classe politique dans son ensemble était devenue méfiante, mais l'entrée en trombe d'un parti communiste dans la politique française allait briser le consensus de la discrétion et faire descendre la diplomatie jusque dans la rue. Désormais, quelques ouvriers du bâtiment, un concierge, trois cheminots, une infirmière, un professeur, au cours de leur réunion de cellule dans l'arrière-salle d'un bistrot de Belleville, allaient discuter tout naturellement, comme si cette prérogative allait de soi, des problèmes qui, au moment même, préoccupaient les plus hautes autorités du pays. Demain peut-être — ainsi le 1er août 1930 — toutes les cellules de Paris descendraient sur le pavé pour protester contre la politique belliciste et antisoviétique d'un Tardieu. Comment le comportement des Français face à la guerre en général, face au sacrifice individuel, n'en aurait-il pas, à la longue, été affecté ?

Le soldat de septembre 39, qui retrouvait la gare d'où son père s'était embarqué vers la mort — Hommes 40, chevaux (en long) 8 — révélait, par sa façon d'être, ce qui avait changé en France depuis un quart de siècle.

Par bonheur, la race s'était éteinte des mères cornéliennes et des vieillards héroïques avec la peau des jeunes gens. Le mobilisé le plus conformiste, le plus respectueux, les eût fait taire brutalement. Aussi les exhortations à la bravoure avaient cédé le pas aux conseils de prudence. Le « Ne t'expose pas inutilement ! », à quoi se résumaient les consignes ultimes des femmes aux yeux rougis, n'était qu'une façon de dire noblement : « Tâche de te planquer ! » Une nouvelle génération de littérateurs s'apprêtait à prendre du service. (De l'ancienne, seul Henry Bordeaux osait encore frétiller de la plume et replacer son gâtisme agressif sur sa lancée de 1914). Mais elle devra tenir compte des transformations en profondeur de l'esprit public, renoncer aux vérités absolues et aux affirmations péremptoires où se complaisaient leurs prédécesseurs. Ils doivent tricoter leur prose, qui se veut encore héroïque, dans le relatif, manipuler des notions qui ont perdu leur caractère sacré, et, pour entraîner les sceptiques goguenards, faire mine d'entrer dans leur jeu, de parler leur langue, d'épouser leur pensée, bref, pour mieux les ferrer, lancer le bouchon très loin. Cet exercice demande beaucoup plus d'efforts créatifs et d'imagination que ceux auxquels se livraient avec délices, vingt-cinq ans plus tôt, Maurice Barrès, Lavedan ou le fameux général Cherfils. Au lieu d'en appeler au sens du devoir chez le futur combattant comme on assène un coup de trique, on accepte de discuter. On ne dit pas « Right or wrong, my country », ce qui aurait cloué le bec à toutes les objections, mais on accepte le débat, on concède en partie, on veut bien admettre que...

En fait, ce qui a changé entre les deux guerres pose, en termes entièrement nouveaux, le problème qui autrefois ne se posait que dans le secret d'une conscience — à savoir l'adhésion raisonnée à une cause imposée par l'appartenance à une communauté.

Une autre innovation d'importance devait retentir sur le

comportement individuel : c'est la rupture de ce consensus qui, sous le vocable d'union sacrée, s'était plus ou moins maintenu tant que durait la guerre. Celle-ci terminée, le soldat redevenu un libre citoyen a retrouvé le droit de soumettre au feu de la critique, sans être taxé de trahison, la manière dont elle a été conduite. Les souffrances endurées lui donnent le droit de parler haut et fort, et il ne s'en prive pas. Il peut désormais porter les jugements les plus sévères sur la guerre elle-même, notamment se demander si elle était justifiée par une nécessité vitale, si elle était légitime, si, comme il était dit dans le texte du Traité de Versailles, la responsabilité unilatérale de l'Allemagne était évidente, quitte à se retrouver face à la distinction entre guerre juste et guerre injuste qui nous vient d'Aristote grâce aux bons offices de Thomas d'Aquin...

Une campagne pacifiste, d'une singulière efficacité, fondée sur une argumentation solide allait se développer sous l'impulsion des formations de gauche, de certaines organisations d'Anciens Combattants ou de femmes auxquelles des historiens courageux et des polémistes virulents allaient prêter leur concours. Et la propagande officielle, pendant la guerre, avait été d'une telle bêtise, d'une telle canaillerie, que ce fut, pour beaucoup, une intense jouissance de la mettre en pièces, rétrospectivement, faute d'avoir pu le faire sur l'heure. Tout allait y passer, tout ce qui pouvait alimenter l'indignation et provoquer la colère : ainsi le crétinisme et l'incapacité d'un peloton de généraux qu'on dut envoyer à Limoges pour n'avoir pas à leur confier d'unité combattante. Mais les crétins et les incapables furent, à tout prendre, moins dangereux que les arrivistes cyniques ou les furieux à qui fut faite une réputation de « bouchers », en raison de leur obstination à faire massacrer des hommes pour que leur brigade ou leur division eût les honneurs du communiqué. Un autre aspect des choses devait aussi bouleverser les consciences : une avalanche de révélations, venues de bonne source, vint confirmer ce que bien des « poilus » avaient soupçonné, à savoir que la guerre n'avait pas été terrible pour tout le monde et qu'elle avait permis, à d'habiles affairistes, de substantiels profits. Et le mot «affairistes» était-il assez fort, lorsqu'il s'agissait de notables importants, d'industriels de premier plan, à qui des relations politiques au plus haut niveau avaient ouvert les fructueux marchés de la fourniture «aux armées».? Les pauvres bougres des tranchées se demandaient si leurs souffrances avaient servi à autre chose qu'à l'enrichissement des sidérugistes et des fabricants de godasses ou de capotes. Vision simpliste, sans doute, mais lorsqu'elle est partagée par des milliers d'hommes, elle devient un élément essentiel du jeu politique. Cependant, plus encore que les bénéfices exorbitants des profiteurs de guerre, ce qui fut le plus propre à nourrir la colère des survivants, à leur faire entrer dans la tête cette idée, simpliste elle aussi mais terriblement corrosive, qu'«à l'avenir on ne les y reprendrait plus», que leurs camarades étaient morts pour rien, c'est la certitude étayée, sur des faits indiscutables, que des ententes par-dessus les frontières s'étaient maintenues entre industriels des pays belligérants pour leur profits communs, comme si, interdit aux uns, l'internationalisme était licite pour d'autres.

Il était inévitable, il était juste, il était conforme à la plus noble exigence morale que de telles considérations, répercutées, pendant vingt ans, par des milliers d'articles et de discours, aient conduit les plus honnêtes, les plus lucides des Français à une réflexion approfondie sur le prix de la vie humaine en général et de la leur en particulier. Tant que la guerre apparut comme une fatalité, au même titre que les inondations ou les séismes, on n'eut guère d'autre ressource que de «marcher», et la désertion comportait vraiment trop de risques pour qu'elle pût tenter beaucoup plus qu'une minorité. Mais s'il devient clair que la guerre est l'aboutissement d'une politique, et qu'elle résulte bien souvent de la malignité de quelques hommes, si, d'autre part, l'on parvient à cette conclusion que les responsables ne se trouvent pas seulement au-delà des frontières mais parmi ses compatriotes les plus haut placés, c'est tout un comportement civique, toute une philosophie de la vie qui en subit le contrecoup.

Le premier devoir d'un Etat, c'est de protéger les populations dont il a la charge. Pourquoi s'acquitte-t-il correctement de cette tâche en cas d'épidémie ou de catastrophe naturelle, et la néglige-t-il si cette catastrophe doit être la conséquence de facteurs sur lesquels il lui est possible d'agir ? Perdre la vie dans une guerre absurde ou injuste parce qu'un imbécile, investi des plus hautes fonctions, a été incapable d'empêcher cette guerre d'éclater, soit qu'il n'ait pas su prendre à temps les mesures qui s'imposaient, soit que ses préférences idéologiques l'aient détourné d'alliances qui eussent découragé l'agresseur, soit enfin, mais c'est le comble de l'infamie, qu'il se soit mis lui-même en posture d'agresseur, c'est assurément une situation intolérable. Parvenu à ce stade de sa réflexion, le citoyen envisage sérieusement un repli sur des positions individualistes. Celles-ci pourraient le conduire à se couper de la communauté nationale, à assurer sa protection, si c'est possible, par ses propres moyens, à mettre sa personne et ses biens à l'abri. C'est là, bien sûr, une position extrême. Sans en arriver là, le citoyen qui s'interroge sur sa participation personnelle à un conflit, ne serait pas loin de s'arrêter à une solution originale, en l'occurrence une sorte de guerre à la carte, la « carte » s'opposant, bien sûr, au menu imposé. Un tel choix n'est pas toujours facile. Rejetterait-on, par principe, les guerres de conquête, nées de revendications impérialistes (ce qui exclut les guerres coloniales) et n'admettrait-on, à la rigueur, que les guerres défensives, reste le risque des agressions imminentes dont on ne peut se préserver que par une guerre préventive. En outre, dès lors qu'on revendique la liberté du choix, on se reconnaît implicitement le droit de subordonner ce choix à la couleur politique du pays officiellement désigné comme l'ennemi à exterminer. Le civisme à composante guerrière en est singulièrement affecté, mais l'on rejoint ici un cas-limite où l'esprit civique devient compatible avec une conception légitime de l'individualisme.

Mais ce sont surtout les conditions de la guerre moderne qui ont privé de toute signification cette forme de civisme dont « le sacrifice suprême » pouvait être le couronnement. Le soldat-citoyen tel que le concevait Jaurès, le système de la nation armée auquel les cantons suisses restent attachés, répondaient à une conception du patriotisme que le nucléaire a rendu caduque. Dès lors que le gigantesque arsenal dont se dote un pays est seulement dissuasif, où l'on se prépare à la guerre dans la perspective de ne pas la faire, où le maintien de la paix repose sur la terreur qu'inspire l'armement du voisin et sur un précaire équilibre entre le potentiel militaire des deux grandes puissances qui préfèrent utiliser les petites pour régler leurs comptes que s'affronter directement, s'il est admis enfin que le déclenchement d'une guerre entre les « nations qui comptent » donnerait le signal de la fin du monde, on voit mal la marge qui resterait au déploiement du civisme, en dehors peut-être d'un militantisme sans illusion pour la paix à tout prix.

Ce que l'on appelait le devoir patriotique au temps des guerres « conventionnelles » ne veut plus rien dire dès lors que tout dépend de la résolution ou de l'hésitation d'un chef d'Etat, face à un simple bouton à presser pour que toute vie disparaisse de la planète. Autrefois le citoyen devait être prêt à donner sa vie, aujourd'hui, il est en droit de se montrer soucieux de la conserver le plus longtemps possible, d'autant qu'on ne lui demanderait aucun rôle actif, mais la passivité d'une victime, désignée à l'avance pour un holocauste mondial. En revanche, mais ce n'est là qu'un rappel historique, dépourvu maintenant de toute portée pratique, nous avons connu, pendant les années 40, une forme de guerre où l'esprit civique a pu trouver son épanouissement.

La Résistance, avec ou sans armes, demandait tout au volontariat, à l'esprit civique auquel elle proposait une dimension nouvelle, rien à la contrainte et à l'obligation. Un même libre engagement incitait les uns à traverser la mer pour rejoindre les FFL et continuer le combat interrompu par l'armistice, les autres à donner d'autres objectifs à un militantisme un instant déconcerté par le pacte germano-soviétique, mais qui s'inscrivait dans le droit fil de 1936. Pour ceux-ci, la Résistance n'était-elle pas le prolongement naturel du Front Populaire où les chrétiens du futur MRP, ou tout au moins leur chefs, et les nationalistes de la tendance Louis Marin étaient venus rejoindre la gauche ?

La France vaincue n'avait plus à sa tête qu'une caricature d'Etat. Vichy avait bien essayé d'indiquer à chacun où était « le devoir » et d'imposer à tous la voie à suivre. Mais on avait, à juste titre, interprété ses injonctions comme une manière de servir les desseins de l'occupant. Chacun devait trouver en lui-même, en interrogeant sa conscience, la volonté d'agir et le sens à donner à ses actes.

Merveilleuse liberté offerte à nos vingt ans ! Une guerre où l'on pouvait choisir son camp. Devant l'immense éventail des possibilités certains firent le mauvais choix : la Milice, la LVF, la Waffen SS. D'autres refusèrent le choix et restèrent les pieds dans leurs pantoufles, prirent femme, se firent boutiquiers. (Ils n'étaient pas dignes de leur époque). Mais, pour ceux qui choisirent la Résistance, quelle chance inespérée de donner au mot « citoyen » son acception la plus noble !

Et si ce choix initial devait aboutir à la mort sans sépulture d'un corps torturé, le combattant de l'ombre avait, à ses derniers instants, la consolation de savoir pourquoi il mourrait, pourquoi il s'était battu. Guerre politique, certes, mais si la guerre n'est pas politique, elle entraîne seulement des robots à tuer et des moutons à mourir.

De la morale
personnelle
à
l'instruction
civique

Où est-il le temps où le maître d'école, en entrant dans sa classe le matin, avait pour premier souci d'inscrire au tableau noir, de sa belle écriture penchée, une de ces maximes simples, aisément assimilables, faciles à retenir, mais qui, maintes fois répétées au cours de l'année, apprendraient aux enfants à distinguer, grosso modo, le bien du mal ? Il s'agissait là d'une morale sans prétention, mais d'un ensemble d'interdictions et d'obligations positives dont on pouvait espérer qu'il en resterait quelque chose tout au long d'une vie. Afin que fussent respectées les convictions des familles, il était facile de trouver des préceptes communs à la morale laïque et à la morale religieuse, ainsi lorsque le maître enseignait à l'élève qu'il ne faut pas jeter le pain ou qu'il faut aider les vieilles personnes à traverser la rue.

Entendons-nous bien : on n'apprend pas les préceptes moraux comme la table de multiplication. Rien ne garantit à l'éducateur que l'enfant à qui l'on a dit : là est le bien, là est le mal accordera la préférence au premier et rejettera l'autre avec horreur, ou encore que, devenu adulte, il appliquera dans la vie courante les principes qu'on lui aura jadis inculqués. Même le plus optimiste des professeurs de morale était préservé de trop naïves illusions. Il n'osait espérer que, chapitrés par ses soins, tous ses disciples s'interdiraient désormais de gaspiller le pain en songeant à ceux qui en manquent, qu'ils respecteraient les cheveux blancs ou encore, par référence à l'œuf et au bœuf dont le proverbe a fait le symbole du bien d'autrui, ils adopteraient un barême de la délinquance fondé bien plutôt sur l'intention délictueuse que sur le volume et le poids du « corpus delicti »... Mais, lorsqu'on aura enseigné à l'enfant qu'il n'est pas seul sur terre et n'est pas le centre du monde, au contraire, qu'il a des devoirs envers ses semblables, il faut croire que la générosité lui sera plus naturelle que l'égoïsme, l'esprit communautaire plus familier que l'individualisme, et que cette formation initiale débouchera un jour sur un comportement civique ouvert sur l'humanisme. En fin de compte, cette pédagogie morale, d'un niveau correspondant à son âge, pourrait le conduire insensiblement à l'instruction civique qui fera de lui, plus tard, un citoyen conscient et responsable.

De nos jours, il est vrai, la vocation didactique des maximes au tableau noir prêterait à sourire. Trouverait-on même un maître assez audacieux pour oser ramer à contre-courant et défendre ces idées d'un autre siècle, étant entendu que, dans le nôtre, le pain coûte moins cher que le grain pour nourrir les porcs, qu'un homme de cinquante ans n'est guère plus bon à grand'chose et que, rejeté par les engrenages inhumains de l'économie, il ne lui reste plus qu'à attendre la mort? On crierait au viol de la conscience enfantine si un moraliste pétri de bonnes intentions se mêlait d'introduire, dans le cerveau des disciples à lui confiés, quelques formules susceptibles de représenter à leurs yeux un idéal à atteindre ou de les protéger d'une tentation mauvaise. La liberté, qu'en faîtes-vous? S'il est dans la vocation du gamin de devenir un salaud, de quel droit lui interdirait-on de s'accomplir, de s'épanouir dans une direction où ses débuts sont déjà prometteurs? Dès lors que certains ne peuvent s'accomplir, ou ne s'épanouir vraiment, qu'en exploitant leur semblables, qu'en

les soumettant à leur pouvoir au nom d'une morale nietz-
chéenne (laquelle veut que les uns deviennent des chefs, les
autres des esclaves) le prédicateur aux mains et aux intentions pures n'a rien de mieux à faire qu'à rengainer sa morale
du pauvre, et à hurler désormais avec les loups. Et que la
société démocratique se débrouille avec la présence, très vite
insupportable, de ces loups, précisément, lâchés dans la ber-
gerie (Une formule qui en rejoint curieusement une autre,
chère aux marxistes, et qui assimile la liberté à l'honneur
dans le monde dit « libre » à celle dont jouit le renard dans le
poulailler...).

Mais, là encore, il convient de se montrer prudent. Il est
facile de tourner en dérision la morale du pauvre, celle à
propos de laquelle Rousseau a pu écrire : « On ne prêche
jamais que ceux qu'on opprime... ». Pagnol ne s'en est pas
privé. Il savait, à coup sûr, qu'il mettrait les rieurs de son côté
en réservant ses flèches au Topaze idéaliste mais sans le sou,
honnête mais ridicule, du temps de la Pension Muche, et son
admiration au même Topaze, devenu un affairiste véreux.
Mais ne serait-ce pas lui intenter un mauvais procès et se
méprendre sur ses intentions réelles qu'accuser Pagnol
d'avoir vilipendé la vertu et exalté le vice ? Il est vrai que c'est
bien mal servir la vertu que de la faire honorer par un bouffon
grotesque. Or le Topaze « première manière », avec son veston élimé et son pantalon qui tirebouchonne, inscrit, lui aussi,
au tableau noir, des maximes qui se veulent moralisatrices et
qui, jusqu'à un certain point, le sont. Mais c'est ici que tout se
complique. C'est faire œuvre pie que de proclamer : « L'Argent ne fait pas le bonheur » et « Bien mal acquis ne profite
jamais ». De telles affirmations seront certainement démenties
par l'expérience quotidienne de la vie, mais c'est un moyen
comme un autre de faire comprendre à l'enfant que l'accumulation des richesses ne saurait être un but dans l'existence,
encore moins leur acquisition malhonnête. On ne dira jamais
assez combien il est nécessaire de prôner la générosité, le
désintéressement, le respect du bien d'autrui, et un tel idéal
conserve tout son prix. Le tout est de savoir à qui doit
s'adresser la prédication. Au loup ou à l'agneau ? A l'exploi-

teur ou à l'exploité? Au tyran ou à l'esclave? Dans la société de truands où nous vivons, n'est-ce pas désarmer plus encore le faible que lui prêcher le désintéressement? N'est-ce pas faire le jeu des rapaces qu'inciter le pauvre à mépriser l'argent? Une telle prédication n'aidera-t-elle pas l'exploiteur à renforcer son pouvoir d'exploiter et à s'enrichir aux dépens de ses victimes?

L'ambiguïté d'une telle démarche devrait nous inciter à la prudence. Dans la dénonciation de l'individualisme, qui doit déboucher sur l'instruction civique et préparer le citoyen de demain à la vie en communauté dans une libre démocratie, tout est une question de mesure. Il serait désastreux que seules les victimes entendent la leçon et règlent sur celle-ci leur conduite à venir, aux applaudissements de leurs bourreaux...

Si
la France
c'est ça...

Mais enfin, si la France c'est « ça »... Ce ramassis de grands bourgeois ayant cessé de croire à leur destin, de petits bourgeois timorés mais devenant soudain furieux, presque enragés, et d'ouvriers candidats à l'embourgeoisement... Cette cohabitation anarchique d'égoïsmes apeurés, d'ambitions médiocres et contradictoires, tandis que le souci de l'intérêt public s'efface devant la violence des revendications catégorielles... Si la France c'est aussi ce pays incapable de concevoir un grand dessein, voué à une rapide décadence, à l'enlisement dans une routine au jour le jour aggravée par une rapide dégradation de l'esprit civique, tandis qu'un individualisme exacerbé conduit à l'émiettement la substance même d'une société... S'il s'avère que la France est définitivement allergique à toute initiative généreuse, et si toute politique de gauche doit inévitablement se heurter à un conservatisme aussi résolu chez la moitié des prolétaires que chez les grands bourgeois, dès lors qu'elle dérange les situations acquises et des privilèges grands et petits... Si le service public en est venu à oublier qu'il est d'abord au service du public, si les serviteurs de l'Etat ont tendance à vivre en vase clos et songent, en premier lieu, à leur petit bien-être... Si c'est une nation, dans sa majorité, qui tâtonne à la recherche d'un abri, d'une protection et a renoncé à cette démarche conquérante qui fut celle du capitalisme et du syndicalisme à leurs premiers pas... Bref, s'il n'y a rien à attendre de ce peuple fatigué et corrompu, pourquoi s'acharner à faire son salut malgré lui ? Si la France est ingouvernable, n'est-ce pas une prétention saugrenue que de vouloir la gouverner ? Ceux qui, à gauche, firent tout — et même un peu plus — pour que Giscard l'emporte, n'étaient-ils pas, tout simplement, convaincus des insurmontables difficultés que rencontrerait Mitterand pour insuffler à ce pays un esprit communautaire et voulaient-ils lui épargner l'épreuve du pouvoir ? On leur avait prêté de noirs desseins, mais ce qu'on avait pris pour la conséquence d'un veto venu du froid ou pour une sorte de trahison, n'était-ce pas la conscience exacte d'une situation et une manière réaliste d'y faire face ?

Comme la gauche aurait la partie belle, aujourd'hui, si elle avait pris la précaution de perdre les élections, si, au lieu d'occuper la scène, elle avait préféré siéger au balcon ! Comme elle s'en donnerait à cœur joie de cribler de fléchettes le rable épais du professeur Barre, et d'ironiser sur l'arrogante suffisance dont il continuerait d'assaisonner une succession ininterrompue d'échecs face au chômage ou à l'inflation ! Restée spectatrice, elle userait à sa guise de l'argument le plus irréfutable dont dispose un politicien : « Si j'étais au gouvernail, tout irait mieux ! » — la version noble du fameux « il n'y a qu'à » qui anime les soirées du Café du Commerce et constitue la modeste contribution de l'électeur moyen au débat politique. Ce serait un bien réjouissant spectacle que nous offrirait le sieur Monory, en tenue d'alpiniste, sac au dos et piolet en main, au cours de ses escalades sur les sommets neigeux parsemant la courbe où s'inscrit la montée vertigineuse du dollar, dans ses vains efforts pour le rattraper. Et comme une telle situation nous offre une infinie variété dans le choix des images, nous dirons qu'il est plus agréable de rester dans son fauteuil à compter les coups que de mettre la main à la pâte... C'est un Giscard, un Chirac, un Barre, qui affronterait l'impopularité en augmentant les charges fiscales ou qui perdrait l'appétit, le sommeil et le goût de vivre à force de chercher, sans y parvenir, une recette-miracle pour combler les déficits et les retards. La gauche pourrait faire sienne la fameuse formule d'un illustre défunt et, abritée sous sa tente en attendant des jours meilleurs, lancer aux détenteurs du pouvoir l'apostrophe célèbre : «Je vous souhaite bien du plaisir!». Elle laisserait cuire dans son jus, mariner dans sa médiocrité, une nation qui ne mérite vraiment pas qu'on se décarcasse pour elle.

Tout cela est peut-être vrai. Il n'y a pas grand'chose à espérer d'une France poujadiste et déjà décadente. Et pourtant, est-ce une raison suffisante pour l'abandonner à son sort ? La gauche peut-elle, sans se renier, ne pas tenter l'impossible pour appliquer les mesures qu'elle croit justes et les principes qui sont sa raison d'être ? Ferait-elle mentir une loi de portée générale qui fait une obligation à un parti, quel qu'il soit, de briguer le pouvoir pour y faire ses preuves ? Il est sans exemple, même dans les situations désespérées, que personne ne se propose pour s'installer aux commandes. Serait-ce que, comme la nature, la politique a horreur du vide ? Encore que Pétain eût publié, dans la «Revue des deux mondes», quelque temps avant la défaite, un article où il affirmait qu'après tout, le nazisme n'avait pas que des aspects négatifs, ce n'était pas, pour le vieux maréchal, une partie de plaisir que de gouverner un pays à moitié, puis en entier, occupé par les soldats de Hitler. En tout cas, soit qu'il ait cédé à une vieille ambition longtemps contenue, soit qu'il se fût senti appelé par la Providence pour sauver le pays, soit qu'une camarilla habile à le flatter ait voulu profiter de sa sénilité pour s'emparer du pouvoir et l'exercer à l'abri de son prestige, ou encore pour toutes ces raisons à la fois, c'est un Pétain tout guilleret qui prend la tête d'une principauté d'opérette, dans une sous-préfecture de l'Allier, et se déclare prêt à trouver une solution aux problèmes insolubles posés à la France vaincue. Et alors qu'il aurait fort bien pu continuer à se chauffer les testicules au soleil de Villeneuve-Loubet...

Soit que l'héroïsme conjugue ses effets à ceux de l'inconscience, soit qu'il y ait, dans l'héroïsme même, une bonne part d'inconscience, il se trouvera toujours une équipe prête à assumer les responsabilités les plus lourdes et que rien n'arrêtera, pas même une évaluation pessimiste de ses chances de succès. La gauche aurait-elle pu refuser le cadeau empoisonné qui lui tombait du ciel ? Certes, il eût mieux valu, pour elle, être portée au pouvoir par un puissant, un irrésistible courant populaire, mais on ne choisit pas. La France était coupée en deux fractions sensiblement égales. Un courant populaire, pour se manifester, aurait eu besoin d'un autre climat, plus exaltant et plus tonique, que celui résultant des déchirements internes de la gauche et des conséquences, déjà apparentes, de la crise mondiale.

La gauche savait-elle que ses initiatives généreuse se heurteraient à l'incivisme généralisé d'un pays où la générosité n'a plus cours, et qu'elle devrait utiliser au mieux les premiers mois pour faire adopter les grandes réformes prévues, avant que les vaincus, encore sous le coup de leur échec, n'aient eu le temps de reprendre leurs esprits et de préparer la revanche ? Ou, au contraire, l'optimisme fondamental qui lui tient lieu de philosophie lui avait-il dissimulé la profondeur d'une crise morale, qui, en s'attaquant à l'esprit civique, vide progressivement la vie démocratique de sa substance ? Mais enfin, elle ne pouvait reculer. Il fallait prendre la France en charge, et la prendre telle qu'elle était, sachant bien que le pouvoir nouveau serait tenu pour responsable des difficultés inhérentes à cette crise morale aux abîmes insoupçonnés. Coincée entre la volonté de « changer de société » pour appliquer les principes qui sont sa raison d'être, et l'impossibilité de le faire en l'absence d'une majorité assez large, on comprend que la gauche doive se contenter de « gérer la crise » dans une république bourgeoise, faute de pouvoir instaurer une république socialiste.

Ce pays serait-il ingouvernable ? Oui et non ! Tout dépend, en fait, des couleurs de l'équipe qui prétend le gouverner. Selon que la droite ou la gauche aspire à tenir les rênes, cette même question appelle des réponses différentes. Dans un pays réputé ingouvernable, la droite peut fort bien conduire sans encombre le char de l'Etat, pour peu qu'elle ferme les yeux sur l'indiscipline civique, qu'elle respecte, grosso modo, les privilèges catégoriels auxquels le label « avantages acquis » confère un caractère sacré, enfin qu'elle considère de trop graves inégalités entre les hommes, non pas comme la honte d'une société, mais comme une réalité éternelle, immuable, fatale et comme un facteur de progrès. A l'inverse, le pays est vraiment ingouvernable si la gauche, arrivant au pouvoir, ne peut pas compter sur le zèle militant des salariés, et si le civisme des fonctionnaires, petits et moyens, ne vient pas faire contrepoids à la grogne des privilégiés, à la non-coopération ou à la fronde de la haute administration sans laquelle un gouvernement n'a aucune prise sur le quotidien. Les difficultés rencontrées, psychologiques autant que politiques ou économiques, nous invitent, en tout cas, à un réexamen des dogmes qui nous étaient familiers.

L'ambition de Marx était noble : créer un homme nouveau en tuant en nous le vieil homme. Il attendait cette transformation — en fait une nouvelle naissance — de l'instauration, brutale s'il le fallait, d'un nouvel ordre économique. D'autres avaient prétendu améliorer la société en rendant les hommes meilleurs. Marx choisissait le postulat inverse et, à ses yeux, en vertu d'un déterminisme rigoureux, cette amélioration serait automatique et inéluctable. Les régimes se réclamant de lui ayant échoué dans cette tentative, la plus grandiose, la plus exaltante qui fût jamais proposée à l'humanité, peut-être convient-il de se montrer moins ambitieux.

Il demeure que la naissance d'un homme nouveau n'interviendra qu'après une très longue gestation, étalée sans doute sur des décennies, et qu'à tout prendre, il est prudent de le mettre en chantier dès aujourd'hui. Se souvenant, d'autre part, que « l'enfant est le père de l'homme », on s'adressera d'abord aux enfants, quitte à donner raison à Condorcet plutôt qu'à Marx.

En attendant, la France poujadiste, il faudra faire avec...

Achevé d'imprimer
sur les presses de GÉDIT à Tournai (Belgique)
en décembre 1984

Dépôt légal 4e trimestre 1984